住宅デザインの実際

進化する間取り／外断熱住宅

黒澤 和隆 編著

共立出版

まえがき

　家族プライバシーが満たされた2階建戸建て住宅の間取りは，(1)「食堂（主家族室）」から「居間（主接客室）」を通り抜けずに1階「トイレ」と2階「寝室」へ行き来できる家族動線をもち，「居間」から「食堂」を通り抜けずに「トイレ」へ行き来できる客動線をもつ。(2) 家族の1階「トイレ・浴室」への出入り，「階段」の上り下りはブラインドなどして来客から見通せなくできる。この2つの間取り条件が満たされていればよい。

　家族プライバシーが欠けている間取りの家では，居間＋食堂が14畳以上あって広くても「お客を招くことへの抵抗感」があり，また「快適な住み心地」が感じられない。一方，家族プライバシーが満たされた間取りの家では，居間＋食堂が14畳未満であまり広くなくても「来客抵抗感」がなく，また「快適な住み心地」が感じられる。

　わが国の戦後住宅には家族プライバシーが満たされた間取りはきわめて数少なく（一般の戸建住宅では1～3％），家族プライバシーが満たされた住宅の「来客抵抗感」や「快適な住み心地」などを調べることはかなり難しく，今まで調査例も見られないようである。たまたま筆者らも関わって建てられた家族プライバシーが満たされた間取りが3割も含まれる150戸の戸建分譲住宅地を調査することができた。繰り返すが，家族プライバシーが満たされた間取りは居間＋食堂が14畳未満で広くなくても，「来客抵抗感」がなく「快適な住み心地」を感じており，家族プライバシーが欠けている間取りは居間＋食堂が14畳以上あって広くても，「来客抵抗感」があり「快適な住み心地」を感じられず，居室の「広さ」が「快適な住み心地」をもたらすわけではないことが確められた（序章に詳述）。

　"ちょっと立ち寄る"つき合いは好まれなくなり，来客は少なくなって，家族プライバシーが満たされた間取りを必要としなくなったと思われるようになっているが，郊外住宅地では月1～2回までの来客ある家は4割，年数回まで

まえがき

の来客ある家は6割あり，小学生の子供をもつ家では月1〜2回までの来客ある家は6割ある。来客は楽しみであり喜びであるが，少ない来客でも「気がね」や「来客パニック」が長く尾を引き，居住ストレスをもたらすことが多い。

来客が少なくなっても家族プライバシーが満たされた間取りと適度な広さが住宅デザインの2大要素であり続けるだろう。

(1) そもそも建築デザインの核心は施設を使用する「スタッフ」と「ユーザー」の要求を空間的に関係づけることであり，したがって住宅デザインにおいては「家族」と「客」の住要求を空間的に関係づけることがデザインの核心といえる。

　　―住宅：家族と客，施設一般：スタッフとユーザー，公共施設：職員と利用者，購買施設：店員と客，医療施設：医者・看護師と患者，教育施設：教師と生徒

(2) そして住宅デザインにおいては，家族プライバシーを満たす間取り空間を，「家族」領域と「客」領域に分化確立させることが重要になる。

　　―「家族占有領域」：食堂・寝室・1〜2階トイレ・浴室・階段と通路
　　　　：隠れ家・秘密基地的・親密感ある「奥空間」
　　―「客も立入る領域」：居間・玄関・1階トイレと通路
　　　　：開放的・整然とした秩序感ある「表空間」

家族プライバシーに欠ける間取りが「快適な住み心地」に欠けているのは，住宅が「汚れ・カビ」で老朽化・腐朽化することと同様に住宅価値を下げ続ける。わが国の戦後住宅が建物価値を下げて早々と中古住宅化するのは，家族プライバシーに欠ける間取りと，「汚れ・カビ」で老朽化・腐朽化することが原因である。

本書は家族プライバシーが満たされた間取りの家をどのように作るか，家族プライバシーが欠けた間取りの家をどのようにリフォームするか，その体系的な間取り構成法から解き明かしている。また住宅の老朽化・腐朽化の原因である「結露・汚れ・カビ」を根絶する唯一の工法（過去には土壁造・土蔵造があった）である塗壁外断熱工法について，その開発経験から湿気超吸湿放湿性能・超長寿命化性能・超防暑防寒性能等をわかりやすく解説し今までに見られなかった超高性能住宅を作り，再生するメカニズムを解き明かす。

まえがき

　序章では家族プライバシーを満たす間取りと欠ける間取りを家族プライバシー以外は類似する2例の間取りを挙げて見比べて，家族プライバシーを満たす間取りの仕組みと特長を読み解く。塗壁外断熱についても図解を用いて，「土」に近いビーズ法ポリスチレン（EPS）を利用して「土壁造」に類似する工法であること，長寿命化工法であることなど示す。

　第1章では世界最高水準の間取りとして家族プライバシーを徹底させた間取りであるアメリカの現代住宅を挙げる。アメリカ住宅と最も異なる日本の戦前住宅（茶の間・座敷・縁側型）は戦前に家族プライバシーを満たした型に絞り込まれていたが，この型も挙げる。第2章では世界的に見ても家族プライバシーに欠ける間取りが多いわが国の戦後住宅の主要な型を挙げ，その型の改良リフォームを示す。第3章ではわが国のこれからの住宅を対象に間取りを円環状→矩形分割図→間取り図の順に体系的に組み立てて導く間取り構成法を誰にもわかりやすく描けるように示してある。第4章では（1）乳幼児の子育て・子供の読書学習・家族集まり・接客を同時的に行う居間・食堂・和室の多様な適正室配置法。（2）閉じこもり・外界拒絶症の家族がいても家族の集まりと社会交流を両立させられる居間・食堂・和室の室配置法。（3）高齢者の自宅介護（被介護者・介護者・家族のプライバシーとストレス）と施設介護の実状（4）住宅の庭・緑化景観（5）住宅立地条件としての近隣住区（小学校区）・教育・医療・購売施設。第5章では今までにない超高性能住宅を創り出し，改修リフォームによって中古住宅を再生する塗壁外断熱の特長を解説し，外断熱建築の実例写真を載せる。6章では進化する超改良型間取りとさらに改良された塗壁外断熱によって，高機能・高性能住宅への進化再生が持続する構図を描いている。付録に家族プライバシーを満たして体系的に導いた間取りプラン集を載せる。

　本書は大学・専門学校等の住宅設計演習・住宅計画の新しいテキストとして企画されたが，一般の家を建てる人・購入する人が一読されることを最も念頭においてわかりやすくまとめた。

2018年4月

黒澤和隆

目次

序章　新しい間取り構成と塗壁外断熱

1　「兎小屋型」から「改良型」間取りへ……………………………………… 1
2　改良型と塗壁外断熱で高機能・高性能住宅を作る ………………………… 7

第1章　世界最高水準の間取り

1.1　アメリカの現代住宅 …………………………………………………………… 11
1.2　日本の戦前住宅 ………………………………………………………………… 15

第2章　日本の戦後住宅と改良型リフォーム

2.1　北端入り中廊下型 ……………………………………………………………… 24
2.2　南端入り中廊下型 ……………………………………………………………… 28
2.3　北中央入り・玄関ホール型 …………………………………………………… 32
2.4　南中央入り・玄関ホール型 …………………………………………………… 35

第3章　新しい間取り構成

3.1　間取りの「円環パターン」図式 ……………………………………………… 39
3.2　円環パターンから間取りを構成する ………………………………………… 44
3.3　新しい間取り構成―改良型から超改良型へ ………………………………… 54

第4章　住宅計画

4.1　乳幼児遊び・子供読書学習・家族集まり・接客 …………………………… 57
4.2　近隣社会交流・外界拒絶症候群・防犯防災 ………………………………… 60
4.3　高齢者の居住形態 ……………………………………………………………… 64
4.4　庭・緑化・景観 ………………………………………………………………… 70
4.5　近隣住区（小学校区）の見方 ………………………………………………… 71

目　　次

第5章　塗壁外断熱

5.1　画期的な塗壁外断熱の開発 …………………………………………………… *75*
5.2　壁体の蓄熱利用で冷暖房省エネ・節電する ………………………………… *76*
5.3　結露防止，かび・だにの根絶 ………………………………………………… *77*
5.4　阪神大震災で外壁が無傷だった ……………………………………………… *78*
5.5　塗壁外断熱改修による建築長寿命化 ………………………………………… *80*

第6章　高機能・高性能住宅への進化と再生

6.1　合理的・経済的な高機能・高性能住宅 ……………………………………… *89*
6.2　伝統住宅も在来住宅も進化・再生する ……………………………………… *94*

付録　間取りプラン集 ………………………………………………………………… *97*

索　引 …………………………………………………………………………………… *159*

序章　新しい間取り構成と塗壁外断熱

1　「兎小屋型」から「改良型」間取りへ

　かつて，わが国の戦後住宅はヨーロッパ共同体（EC）の報告書で「兎小屋」と形容された。兎小屋とは，画一的で狭いアパートのように，家が本来もつ家族プライバシーの機能を欠いている家のことをいう。ただ狭い家というなら欧米の大都市にも狭い家は多い。

　兎小屋といわれた時期に，わが国の主流の間取り型が普及定着し始めていた。この間取り型を兎小屋型と呼ぶ。この兎小屋型は欧米の主流の間取り型に比べると，確かに，睡眠・入浴・排泄などの家族プライバシーと来客時の家族プライバシーに欠けるところのある間取りである。

　ところが，わが国で戦前に完成していた間取り型（茶の間座敷縁側型）を見習って少し手を加えるだけで，一変して欧米の型を超える家族プライバシーの機能を確立した間取り型に生まれ変わる。これを「改良型」と呼ぶ。さらに「超改良型」と呼ぶべき進化する新しい間取り構成を導き出すことを本書では一番の目的にしている。著者が開設しているホームページ（HP）「住宅間取り1000選」の抜粋を付録「間取りプラン集」に載せている。

　また，(1) 従来の兎小屋型を見直した高機能な改良型間取りに加えて，(2) 建物を外側から被覆・保護して，建築性能（湿気吸放湿・防寒防暑・防水性能）を大幅に向上させた「塗壁外断熱」にすると，新築も中古リフォームも兎

小屋イメージを完全に払拭した高機能・高性能で経済的な住宅に進化・再生する。戦前住宅の木造「土壁造り」と「土蔵造り」は性能的にもこの塗壁外断熱のモデルといえる。

はじめに，兎小屋型とその改良型はどのような間取り型か，室の構成と動線から考えてみる。図1は，著者らが住宅都市整備公団（現・都市再生機構）に提案した階段室型マンションの改良型間取り例（1990年）で，図2は戸建住宅の改良型間取り例である。

改良型マンションプラン（図1），改良型戸建てプラン（図2）の例：
図1，図2において
(1) 家族プライバシーを守る公領域（客領域）と私領域（家族領域）を完全に分離する。
— 公領域（来客領域）は □ で示し，居間（主接客室）・和室[*1]・玄関・トイレ（客共用）[*2] と通路から構成されている。
— また，私領域（家族領域）は □ で示し，食堂（主家族室）・台所・浴室・トイレ[*2]・寝室と通路から構成されている。
上記の和室[*1]，トイレ[*2]については

[*1]：和室は公領域・私領域の一方に属する間取り型と公領域・私領域の両方に属する間取り型がある。
[*2]：家族・来客共用トイレは公領域 □ の色分けにする。家族・客共用トイレ出入口は家族・客動線が交錯する（公私領域混在は □ で色分けする）。

図1，図2は来客が立ち入る公領域（客領域）と家族が占有する私領域（家族領域）を分化確立させて，家族プライバシーを守る間取り型を成立させている。

以後，公領域（客領域）は公（客）領域，私領域（家族領域）は私（家族）領域と表記する。
(2) 動線・室配置条件から見た家族プライバシーを守る仕組み
① 基本家族プライバシー（睡眠・入浴・排泄）を守る。
寝室からトイレ・浴室（図2の2階寝室-トイレから1階浴室）への行き来

1 「兎小屋型」から「改良型」間取りへ

は玄関・玄関ホール・居間から見通されない。
　②　来客時家族プライバシー（家族食事・集まり/接客）を守る。
　食堂（主家族室）からトイレ・寝室への行き来は玄関・玄関ホール・居間から見通されない。また，食堂（主家族室）から居間（主接客室），居間から食堂は通り抜けない動線ルート（家族裏動線）をもつことにより，家族プライバシーを守る間取り型を成立させている。

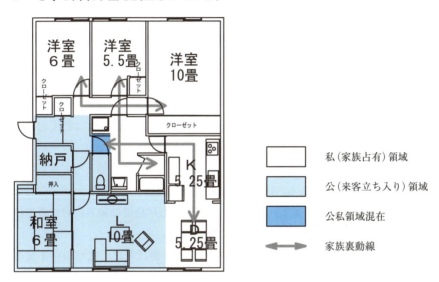

図1　「改良型」マンションプラン

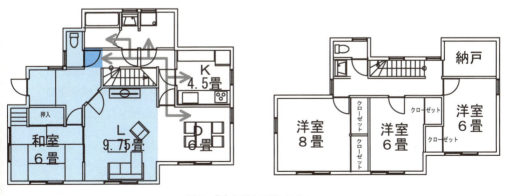

図2　「改良型」戸建てプラン

序章　新しい間取り構成と塗壁外断熱

兎小屋型マンションプラン（図3），兎小屋型戸建てプラン（図4）の例：
図3，図4において
（1）　家族プライバシーが欠ける公（客）・私（家族）領域に混在する型である。
　公（客）領域と私（家族）領域が居間Lと玄関ホールで混在し，来客の目線にさらされる。
（2）　動線・室配置条件から見た家族プライバシーの欠け方。
① 　基本家族プライバシー（睡眠・入浴・排泄）に欠ける。
　食堂（主家族室）からトイレ・寝室への行き来は玄関ホール（来客通路）から見通される。
③ 　来客時家族プライバシー（家族食事・集まり/接客）に欠ける。
　食堂（主家族室）からトイレ・寝室への行き来は玄関・玄関ホール・居間から見通される。また，食堂（主家族室）から居間（主接客室）は必ず通り抜け，家族プライバシーに大きく欠ける間取り型である。
　欧米の住宅でも日本の戦前の住宅でも，家がもつ本来の機能として家族プライバシーを守る機能がある。図1，図2のような家族プライバシーが守られた改良型（公（客）・私（家族）領域分化型）に住む居住者は来客に対する抵抗感を感じず，「快適な住み心地」を強く感じている。
　一方，図3，図4のような家族プライバシーが妨げられた従来の兎小屋型（公・私領域混在型）に住む居住者は来客に対する抵抗感を強く感じており，快適な住み心地を感ずるのは居間＋食堂14畳以上の「広い居室」をもつ居住者の中の半数に満たない。家族プライバシーが守られた改良型では居間＋食堂14畳未満の狭い居室の居住者（約6割）もそのほとんどが快適な住み心地を強く感じている。
　たとえば札幌市S住宅地区では，戸建分譲住宅131戸，平均延床面積41坪，平均個室数4室，平均LD面積15.4畳，公（客）・私（家族）領域分化型が3割であった（1996年8月，2000年8月調査）。公・私領域分化型は一般の住宅地ではほとんど見られない。

1 「兎小屋型」から「改良型」間取りへ

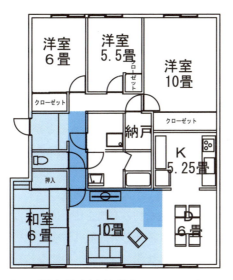

図3 「従来型（兎小屋型）」マンションプラン

図4 「兎小屋型」戸建てプラン

序章　新しい間取り構成と塗壁外断熱

　居住後2〜3年は家族プライバシーの高・低にかかわらず，居間＋食堂14畳以上の広い居室をもつ住まいの居住者だけが来客抵抗感を感じず快適な住み心地を感じると回答しているが，居住後数年経つと，居室の広狭ではなく居間＋食堂14畳未満でも家族プライバシーが高い住まいの居住者が来客抵抗感を感じず快適な住み心地を感じると回答が変わる。わが国の戦後住宅には家族プライバシーの高い改良型はほとんど見られず，家族プライバシーが満たされた間取りが快適な住み心地をもたらす核心であることが，入居後2〜3年は感じ取れず，感じ取れるのに数年間を要するということだろう。

　図1.2のような家族プライバシーが満たされた「改良型」は私（家族）領域の隠家・秘密基地的な「親密感」と公（私）領域のフォーマルな「秩序感」とを兼ね備えており，それが快適な住み心地を住いにもたらすのであろう。

　本書では戸建て住宅の進化する新しい間取り構成を取り上げるが，戸建ては間取り全体像を捉え難いので，まずマンションの間取りを取り上げた。

　図2，図4の戸建てプランは図1，図3のマンションに階段を加えただけの間取りといえる。図2，図4の戸建てプランのどちらに住みたいか問われて，図4を選ぶ人はいないのではないか。同様に図1，図3のマンションプランも，図2，図4を見比べていれば図3は選ばれないだろう。

　従来のマンションには図3のような「家族裏動線」のない兎小屋型が多い。従来の戸建てプランでは図2の改良型と室配置は類似しているが，(1)階段上り口が玄関ホールに突き出ていたり，(2)食堂・居間が一体的だったりして，家族動線・客動線の交錯する図4のような兎小屋型が多い（欧米の戸建てには階段が玄関ホールに着く型（家族・客動線交錯）が多い。第1章の「アメリカの住宅」参照）。

　家族プライバシーと接客機能の仕組みが見事な間取りを第1章のアメリカの住宅，日本の戦前住宅で述べる。

　わが国の主流の住宅である兎小屋型を少し見直すだけで，日本人の生活様式では，欧米の主流の間取り型を超えてプライバシーが高くなる改良型間取りが得られる。

　次に本書のもう1つのテーマである「塗壁外断熱」について述べる。

2　改良型と塗壁外断熱で高機能・高性能住宅を作る

　新築も中古も改良型（リフォーム）と外断熱（改修）によって耐用年限100年以上・大幅省エネ・節電・結露・カビの根絶など従来型の住宅をはるかに超えた高機能・高性能住宅に経済的に建築・再生できる。

　著者は塗壁外断熱の工法開発，国産化（三菱油化（現三菱化学）1979年）を手がけ，商品化して，30数年にわたって外断熱建築を見守ってきた。

　塗壁外断熱（図5）は躯体に接着した発泡ポリスチレンに下地塗材（メッシュ埋め込み）を塗り，仕上げ塗料を塗るだけでできる。

　塗壁外断熱は断熱のためだけに使われており，費用対効果からみて高価な断熱工法と見なされている。

　塗壁外断熱住宅が建築性能を飛躍的に高める下記事項のすべてを活かした費用対効果が，優れた建築計画が増えてはじめて本格的普及が始まる。

塗壁外断熱住宅の特長：

① 長寿命化：鉄筋腐食，木材腐朽を防ぐ

— コンクリート躯体：　コンクリート（アルカリ性）は65年で中性化深さが外表面から3cm（鉄筋位置）に達して，鉄筋腐食が始まり強度が弱く脆くなる（ひび割れ・雨水侵入があると20年～30年で鉄筋腐食）。塗壁外断熱にすると鉄筋腐食が始まるのは約3倍の180年に延びる（図6）。

— 木造躯体：　塗壁外断熱は外断熱の防水性に優れ，湿気（水蒸気）を吸放湿し壁体乾燥を保ち，柱・梁・土台の劣化・腐朽を防ぐ。木造の基礎コンクリートの外断熱は地震対策としても重要である。

② 冷暖房大幅省エネ・節電

— コンクリート躯体：　蓄熱容量が大きく，外断熱で夏は冷蓄熱（夜間冷気），冬は温蓄熱（日射熱）を日中に放熱し，また各階床コンクリートなどが断熱材の切れ目（熱橋）を作らず，結露が少なく，室温の上がり下がりが少ない。断熱効率が良く冷暖房利用は短期間で済み，費用も大幅に削減できる。

— 木造躯体：　塗壁外断熱は断熱材の切れ目（熱橋）が少なく，結露が少な

序章　新しい間取り構成と塗壁外断熱

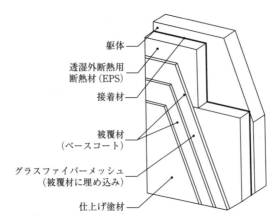

図5　塗壁外断熱。透湿は湿気吸放湿のこと。
（透湿外断熱システム協議会パンフレット）

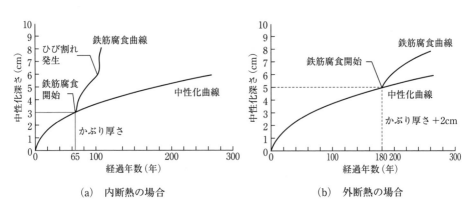

(a)　内断熱の場合　　　　　　　(b)　外断熱の場合

図6　外壁コンクリート（アルカリ性）の中性化と鉄筋腐食
　　　　外壁コンクリートの中性化の進行と鉄筋腐食の概念（水セメント比60％）
（北海道外断熱建築協議会：外断熱工法ハンドブック，外断熱による建築物耐久性の向上）

い。躯体全体も若干の蓄熱利用でき，断熱効率を高め省エネ効果がある。
③　外壁は調湿作用があり，湿気を吸放湿。結露・カビの根絶

　発泡ポリスチレン板は原料ビーズが互いに熱で蜂の巣状に融着（溶けて接着）して金型成形される。蜂の巣状の皮膜は湿気を通す（水は通さない）。コンクリート，木材は室内温湿度に同調し，乾燥状態になる。シックハウス症候群の原因のカビ・ダニを根絶する。
④　粘りある発泡ポリスチレン板とメッシュ埋め込み下地塗材でひび割れ防止

　阪神大震災（1995 年，西宮）に遭った塗壁外断熱住宅（築 35 年，鉄筋コンクリート，軽量コンクリート壁パネル）が外壁ひび割れなく，現在まで外壁補修していない。（壁下地パネルにはひび割れがあるが，外断熱の内側なので外からは見えない。）

　今日，外断熱を取り入れた保育施設，高齢者施設，病院，ホテルなどが増えてきた。公共施設では建て替え計画を変更して外断熱で長寿命化する改築が普及し始めた。その中で外断熱が最も効果を発揮するマンションと戸建住宅は外断熱の普及から取り残されている。

　木造戸建て住宅の塗壁外断熱の改修費は 50〜60 万円（外壁断熱面積 100〜150 m^2）であり，外壁全面補修する場合の補修工事費で納まる。マンションも大規模修繕に合せて，改良型リフォーム＋外断熱改修をして（省エネ補助金ある）修繕積立金で工事費を抑えられる。

　築 30 数年のマンションは建て替えずに塗壁外断熱で長寿命化するのが最良の方法である。

　改良型＋塗壁外断熱住宅が普及し始めると住宅市場に大改革が起こる。まず，長寿命化した住宅には欧米（平均寿命 70〜90 年）のように何度か繰り返し売買される住宅が多くなる。そして，よく売買される定評ある間取りの住宅が絞り込まれ，建物価値が高まり，経年によって建物価値があまり下がらなくなる。

　いまだに売れていない中古住宅の流通シェア（1 割弱，欧米は 7 割〜9 割）が高まり，住宅（潜在）供給量が増えて，価格・規模・性能の多様な住宅を，

買い手有利に選択できる住宅市場が形成されるだろう。
　住宅が手頃な価格で取得でき，買い替え・住み替えがしやすくなって，住まいに関わる生活不安から解放される日もそう遠くない。本書は，住宅大改革を起こす改良型・超改良型間取り構成法と外断熱に誰もが強くなるようにわかりやすくまとめている。

1 世界最高水準の間取り

1.1 アメリカの現代住宅

住宅のフィルタレーション：

アメリカでは住宅の価格が経年で下がることはあまりなく，住宅は繰り返し何度も売買される。よく売れる中古住宅（流通シェア約9割）は修理，手入れもよく長寿命（平均70年）である。

住宅が人口比で日本の2〜3倍売買され，住宅供給量が多く，価格・規模・性能の多様な住宅を買い手有利に選択・取得できる。

アメリカでは「フィルタレーション」と呼ばれる下取り方式で住宅が売買される中で，売れ筋の間取りの型が生み出され，さらに売買が促進されて，定評ある間取りの型が長年月かけて絞り込まれ普及定着してきている。

図 1.1，図 1.2，図 1.3 はその2階戸建て住宅の間取り例である。世界最高水準の間取りの型といえるその特徴をあげると次のようになる。

(1) 1階に公（客）領域と家族領域が玄関ホールを挟んで分離確立して配置
— 公（客）領域はリビング・ダイニング・玄関ホール・トイレから構成される。
— 家族領域はファミリールーム・食事コーナー（ダイネット・ヌック・ブレックファスト）・キッチン・トイレ*から構成される。
*：トイレは公・家族両領域に属する。
(2) 2階に私（個人）領域が配置
— 私（個人）領域は主寝室，副寝室（子供室，客用寝室）で構成され，主寝室に専用バス・トイレ，副寝室に共用バス・トイレが配置される。
(3) 1階トイレは公・家族両領域の境界に配置
家族領域に近接する玄関ホール部分（公領域）に位置する。1階トイレへの家族動線と来客動線はトイレ出入口でのみ交錯する。
(4) 階段の上り口は玄関ホールの玄関傍につく。
1階家族領域（ファミリールーム）−2階私領域（寝室）を行き来する家族動線は来客動線「リビング−玄関・トイレ」と玄関ホールで交錯する。
2階に家族基本プライバシー（睡眠・入浴・排泄）の高い私（個人）領域を専用化して，1階に家族領域と公（客）領域を専用化して来客時家族プライバシーを極限まで高めている。快適性・利便性の高い間取り型といえよう。

玄関ホールから上り下りする階段：

アメリカの現代住宅は1階の公（客）領域（リビング・ダイニング）と家族領域（ファミリールーム・キッチン）と2階の私（個人）領域（寝室・バス・トイレ）が来客時だけでなく，常時専用領域化している。

玄関ホールに階段がつき，1階と2階を行き来する家族動線は来客動線「リビング−玄関・トイレ」と玄関ホールで交錯するが，私領域（寝室・バス・トイレ）が2階にまとまっているので家族プライバシーは大きくは妨げられない。

西欧の一般の型はリビングとダイニングが家族・接客兼用で1階は来客時だけ公領域と家族領域に分化されるが，玄関ホールに階段がつくのはアメリカと同じである。

1.1 アメリカの現代住宅

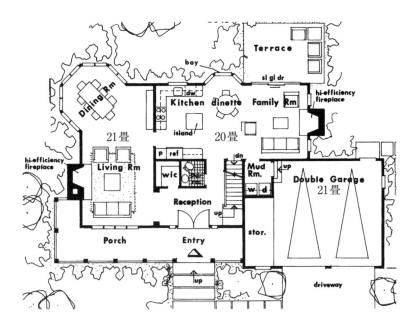

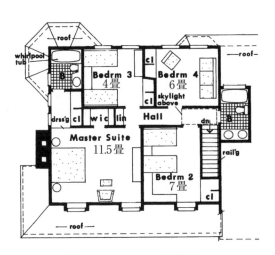

図1.1 アメリカの現代住宅 A
(Snset：Best Home Plans Encyclopedia, Snset Pub Co, 1995)

第1章 世界最高水準の間取り

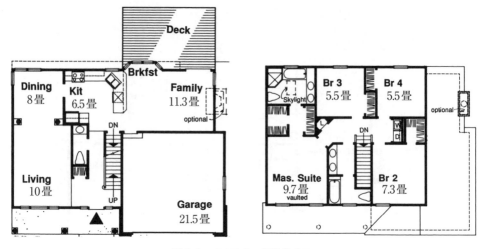

図1.2 アメリカの現代住宅B
(Snset：Best Home Plans Encyclopedia, Snset Pub Co, 1995)

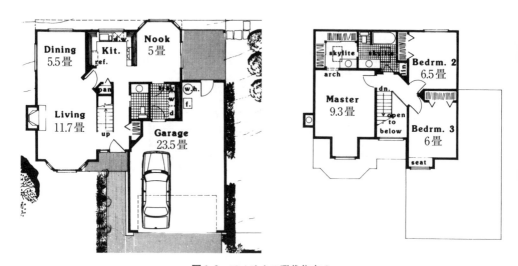

図1.3 アメリカの現代住宅C
(Snset：Best Home Plans Encyclopedia, Snset Pub Co, 1995)

日本の従来型（兎小屋型）間取りを改良型に変えると玄関ホールに階段はつかない（序章図3）。すなわち改良型は"洋風化"には向かわない。断絶したはずの戦前和風住宅と改良型がつながるのか次に見てみよう。

1.2　日本の戦前住宅

戦前住宅の優れた特徴：
　戦前の日本では，多くの人は借家住まいだった。借家の仲介業者や大家さんは，空き家にならない借家，空き家になっても借り手がすぐつく借家の間取り型を調べて，間取りを改良したといわれる。
　図1.4，図1.5に改良されて絞り込まれた戦前住宅の間取りと見なせる型を挙げる。図1.4は田ノ字型，図1.5は中廊下型の間取りである。どちらも茶の間，座敷（客間），縁側で構成される。
　図1.4，図1.5に共通して見られる特徴を挙げると次のようになる。
(1)　私（家族）領域と公（客）領域に分化（来客時）して家族プライバシーを高めた間取り型
― 私（家族）領域 □ は茶の間・居間[*1]・台所・浴室・トイレ[*2]から構成される。
― 公（客）領域 □ は客間[*3]・座敷・玄関・トイレ・縁側[*4]から構成される。

[*1]：居間は家族の居場所，寝室。
[*2]：トイレは家族・客共用なので公・私両方の領域に属する。
[*3]：客間は普段は寝室で，来客（改まった客）があるときだけ接客室に転用される。普段の住生活では，住宅内すべてが私（家族）領域。
[*4]：「縁側」は田ノ字型では客間→トイレへの通路となるので公（客）領域に属する。

(2)　トイレは私（家族）領域と公（客）領域の境界（接点）に置かれる。
　図1.4の田ノ字型では，来客時には私領域にトイレ動線「茶の間-台所-浴室-トイレ」ができる。公領域トイレ動線は「客間-縁側-トイレ」。
(3)　階段の上り口は私（家族）領域と公（客）領域の境界に置かれる。または私（家族）領域につく。

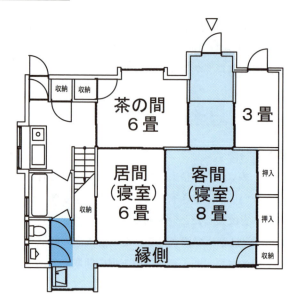

図1.4　戦前住宅　田ノ字型

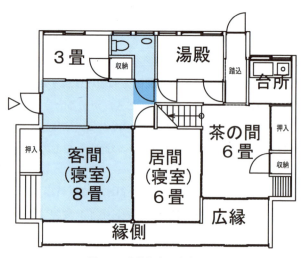

図1.5　戦前住宅　中廊下型

戦前の借家・社宅には2階建は少なかった。2階建は2割程度あった持ち家に少なからず見られた。2階は寝室だけでなく接客室にも使われたので，階段のつき方は必ずしも定まっていない。

基本家族プライバシー（睡眠・入浴・排泄）と来客時家族プライバシーが守られた間取り型であり，「住みよさ・安らぎ」をもたらす住まいといえよう。

家族プライバシーを確保した田ノ字型：

図1.4の田ノ字型の間取りは，冠婚葬祭の催事を執り行うため，襖・障子を外すと広い一体空間となり，かつ寝室として家族プライバシーを確保する工夫をした間取りである。

畳床に布団を敷く，寝室は客室に転用させて，空間を倍増して使うだけでなく家族プライバシーを守って「住みよさ・安らぎ」をもたらす稀有な，傑出した間取りであった。

戦後，住生活様式が変化する中で，田ノ字型は作られなくなった。冠婚葬祭の多くの催事が家庭でとり行われなくなり，畳床が少なくなり，縁側が消滅した。

田の字型の間取りがリフォームされるなどして，2階に寝室をもつ**図1.6**（再生間取り図）のような間取りが戦後に引き継がれて残っていれば，戦後全国的に最も普及している片側廊下型マンションの間取りの型にも影響して，もっと工夫されたマンションの間取り型が生まれていたと思われる。

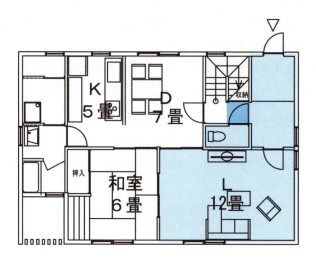

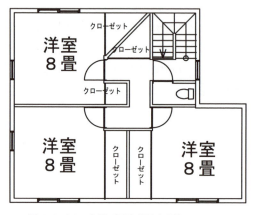

図1.6 田ノ字型（再生間取り図）

図 1.7(a) は従来型の 3LDK 型廊下型マンションプランである。図 1.7(b) は図 1.7(a) の従来型を改良したプランである。図 1.7(a) は私（家族）領域☐と公（客）領域■が混在する。図 1.7(b) は私（家族）・公（客）領域が分化確立する。

(a) 従来型（公私領域混在）　　　(b) 公私領域分化型

図 1.7　片廊下型マンション 3LDK

この図1.7(a),図1.7(b)と同じ室配置(階段だけ追加)の戸建て2階プランが図1.8(a),図1.8(b)である。図1.8(b)は田ノ字型で図1.6(再生間取り図)と同じ室配置の間取りである。後の3章で検討する間取り構成法では田ノ字型も1つのタイプとして導かれる構成法を用意する。

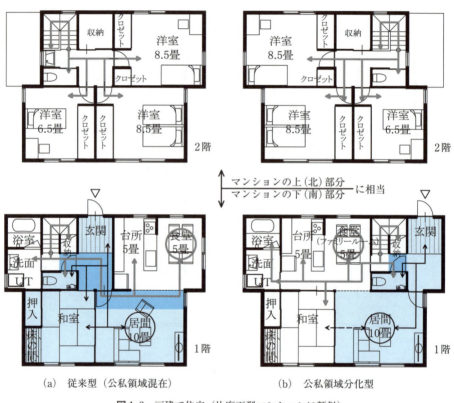

(a) 従来型（公私領域混在）　　　(b) 公私領域分化型

図1.8　戸建て住宅（片廊下型マンションに類似）

1.2 日本の戦前住宅

戦後住宅に引き継がれた中廊下型：

　一方，中廊下型の間取りも，冠婚葬祭の催事のために襖，障子を外すと広い続き間の空間となるが，主眼に置いているのは，各室が「中廊下」に独立した出入口をもってプライバシーを確保して快適性・利便性を高めることである。トイレは公（客）・私（家族）領域の境界に置くのは室構成によっては難しい場合がある。

　中廊下型は戦後に主流の型（木造戸建ての9割）となって残ったが，戦前に完成した公（客）・私（家族）領域分化型はほとんど見られず，戦後住宅は中廊下型：図1.9のような公（客）・私（家族）領域混在型の間取りに限られるいってよい。

　戦前に完成した中廊下型の公（客）・私（家族）領域分化型（図1.5）は，和室3室が並ぶ玄関側の1室が客間（寝室に転用）で，公（客）領域に属し，中央の寝室と奥の茶の間（家族室・親しい客）は私（家族）領域に属していて，公（客）領域と私（家族）領域は混在しない。

　一方，戦後の中廊下型は，玄関側の1室が和室で，中央に居間（接客兼用），奥に食堂（家族室・ごく親しい客）が並び，和室と居間は公（客）領域に属する。この和室は客用寝室・家族の寝室・趣味仕事室など多用途に使われるので，この和室は公（客）・私（家族）領域の両領域に属する間取り型でなければ居住性が高まらない。このように戦前と戦後で居住様式が変わったのに戦前の中廊下型を引き継いだことで戦後住宅は居住様式に見合わない間取り型を主流の型として抱えることになった。2章では，戦後住宅の主流の型を取り上げて，その公（客）・私（家族）領域構成の特徴を分析し，さらに公・私領域分化型に改良リフォームしてみる。その後3章で和室が公（客）・私（家族）領域の両方に属する「新しい間取り構成」の導き方を検討する。

第1章　世界最高水準の間取り

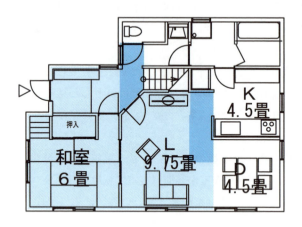

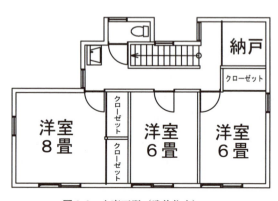

図1.9　中廊下型（戦後住宅）

2 日本の戦後住宅と改良型リフォーム

　日本の戦後住宅には主流の間取り型の種類がきわめて少ない。北端入り中廊下型（A）と，南端入り中廊下型（B）で大半の9割を占め，北中央入り玄関ホール型（C）と南中央入り玄関ホール型（D）が1割弱見られる。
　(A)〜(D)に分類されるどの間取り型も前章で見た公（客）・私（家族）領域混在型が大半を占め，公・私領域分化型はほとんど見られない。
　主流の間取り型について，その公・私領域構成の特徴は次のようになる。また領域混在型を領域分化型に改良リフォームしてみる。

室構成・動線の分析ツール：
　(1)　間取りが公（客）領域と私（家族）領域に分化するか。
— 公（客）領域　☐　は居間（接客兼用）・和室[*1]・玄関・トイレ[*2]で構成され，来客立ち入り領域である。
— 私（家族）領域　☐　は食堂・台所・浴室・トイレ[*2]・2階寝室で構成され，家族占有領域である。
[*1]：和室は間取り型によって公・私領域の一方または両方に属する場合がある。
[*2]：1階トイレは公・私両領域に属する。
　(2)　公（客）・私（家族）領域に分化しない場合：公私領域混在　☐　部分はどのようにできるか。
　①　基本家族プライバシー（睡眠・入浴・排泄）は守られるか。

― 家族動線「2階寝室・トイレ-1階浴室」が公（客）領域「居間・玄関ホール」を通るか。
　②　来客時家族プライバシー（家族食事・だんらん/接客）は守られるか。
― 家族動線「食堂D（家族室）-1階トイレ・2階寝室」が公（客）領域「居間・玄関ホール」を通るか。

　室構成・動線の分析ツール（1），（2）を満たす（○）か，満たさない（×）かを以下のA.〜D.の間取り例を挙げて見てゆく。また改良リフォームも試みる。

2.1　北端入り中廊下型

北端入り中廊下型 A：図2.1
(1) × 公（客）・私（家族）領域混在
(2) × ①　家族動線「2階寝室・トイレ-浴室」が公（客）領域「居間L・玄関ホール」を通る。
　　 × ②　家族動線「食堂-1階トイレ・2階寝室」が公（客）領域「居間L・玄関ホール」を通る。

［改良型リフォーム］
　図①のように1階トイレと階段の配置を左右逆にして，和室を「改まった客の接客室」にすれば"準公・私領域分化型"になる。

2.1 北端入り中廊下型

× 公(客)・私(家族)領域混在型

図 2.1 北端入り・中廊下型 A

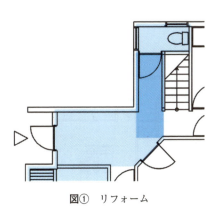

図① リフォーム

北端入り中廊下型 B：図 2.2
(1) × 公（客）・私（家族）領域混在
(2) × ① 家族動線「2 階寝室・2 階トイレ-1 階浴室」が公（客）領域「玄関ホール」を通る。
　　× ② 家族動線「食堂 D-1 階トイレ・2 階寝室」が公（客）領域「玄関ホール」を通る。

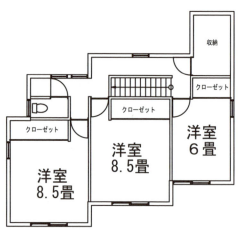

× 公(客)・私(家族)領域混在型

図 2.2　北端入り・中廊下型 B

[改良型リフォーム]

図②のように，直線階段の上り口を 90 度曲げて廊下側に付け替えると公・私領域分化型になる。

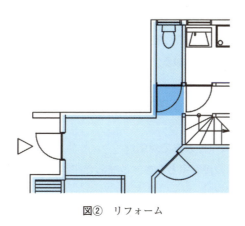

図②　リフォーム

北端入り中廊下型 C：図 2.3

(1) ○公（客）・私（家族）領域完全分化

このような公・私領域完全分化型はほとんど見られない。

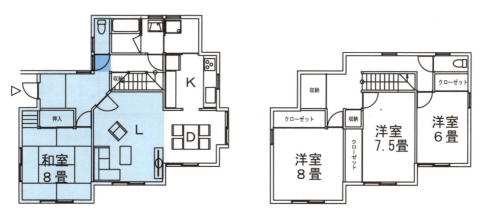

○　公(客)・私(家族)領域分化型

図 2.3　北端入り・中廊下型 C

第 2 章　日本の戦後住宅と改良型リフォーム

2.2　南端入り中廊下型

南端入り中廊下型 A：図 2.4
(1) × 公（客）・私（家族）領域混在
(2) × ①　家族動線「2 階寝室・トイレ-1 階浴室」が公（客）領域「トイレ出入口」を通る。すなわち階段上り口が公領域（トイレ出入口）と重なる。
　　× ②　家族動線「食堂 D-1 階浴室・2 階寝室」が公（客）領域「居間 L・廊下」を通る。

[改良型リフォーム（住み方で対応）]
　和室を改まった客の接客室として，改まった来客があるときは，家族は 2 階トイレを使う。

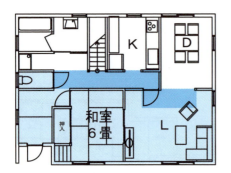 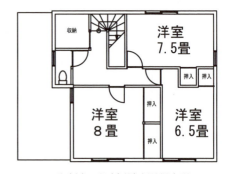

×　公（客）・私（家族）領域混在型

図 2.4　南端入り中廊下型 A

2.2 南端入り中廊下型

南端入り中廊下 B：図 2.5
(1) × 公（客）・私（家族）領域混在
(2) × ① 家族動線「2 階寝室・トイレ-1 階浴室」が公（客）領域「居間」を通る。階段上り口が居間につき，居間を通り抜けて浴室へ行く。
　　○ ②$_1$ 家族動線「食堂 D-1 階トイレ」は私領域裏動線「食堂 D-台所-洗濯 UT-洗面-トイレ」をもつ。
　　× ②$_2$ 家族動線「食堂 D-2 階寝室」は居間 L を通り抜ける。

[改良型リフォーム（住み方で対応）]
和室を改まった客の接客室とすれば，公（客）・私（家族）領域が分化確立する。

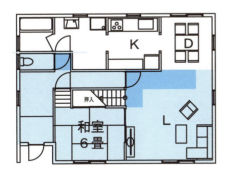
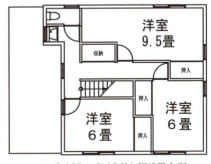

× 公（客）・私（家族）領域混在型

図 2.5 南端入り中廊下型 B

南端入り中廊下型C：図2.6

(1) × 公（客）・私（家族）領域混在
(2) ×① 家族動線「2階寝室・トイレ-1階浴室」が公（客）領域「トイレ出入口」を通る。すなわち階段上り口が公領域（トイレ出入口）と重なる。
　　×② 家族動線「食堂D-1階トイレ・2階寝室」が公（客）領域「トイレ出入口」を通る（重なる）。

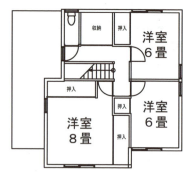

× 公（客）・私（家族）領域混在型

図2.6　南端入り中廊下型C

［改良型リフォーム］

図③のように「階段」上り口を改良すれば，公（客）・私（家族）領域が分化確立する。

図③　リフォーム

2.2 南端入り中廊下型

南端入り中廊下型 D：図 2.7

(1) ○公（客）・私（家族）領域完全分化

このような公（客）・私（家族）領域完全分化型は皆無に等しい。

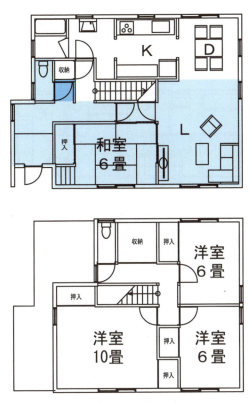

○　公(客)・私(家族)領域分化型

図 2.7　南端入り中廊下型 D

2.3 北中央入り・玄関ホール型

北中央入り玄関ホール型A：図2.8
(1) × 公（客）・私（家族）領域混在
(2) × ① 家族動線「2階寝室・トイレ-1階浴室」は公（客）領域「玄関ホール」を通る。
　　× ① 家族動線「食堂D-1階トイレ・2階寝室」が公（客）領域「玄関ホール」を通る。

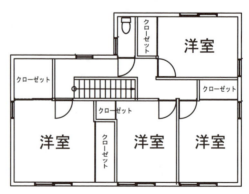

(1)× 公（客）・私（家族）領域混在

図2.8 北中央入り・玄関ホール型A

2.3 北中央入り・玄関ホール型

北中央入り玄関ホール型 B：図 2.9
(1) × 公（客）・私（家族）領域混在
(2) × ① 家族動線「2 階寝室・トイレ-1 階浴室」が公（客）領域「玄関ホール」を通る。
　　○ ② 家族動線「食堂 D-1 階トイレ・2 階寝室」は私（家族）領域「通路」を通る。

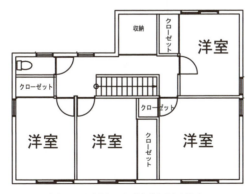

(1)× 　公（客）・私（家族）領域混在

図 2.9　北中央入り・玄関ホール型 B

北端入り玄関ホール型 C：図 2.10

(1) ○ 公（客）・私（家族）領域完全分化

このような公（客）・私（家族）領域完全分化型は皆無に等しい。

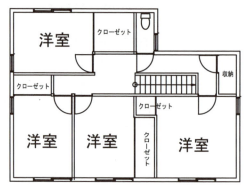

(1)○　公（客）・私（家族）領域完全分化

図 2.10　北端入り・玄関ホール型 C

2.4 南中央入り・玄関ホール型

南中央入り玄関ホール型 A：図 2.11

(1) × 公（客）・私（家族）領域混在
(2) × ① 家族動線「2 階寝室・トイレ-1 階浴室」が公（客）領域「玄関ホール」を通る。
　　× ② 家族動線「食堂 D-1 階トイレ・2 階寝室」が公（客）領域「玄関ホール」を通る。

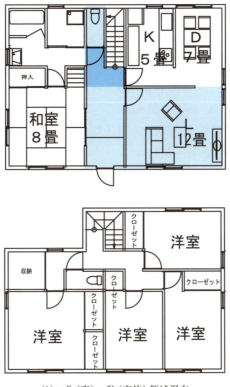

(1)×公（客）・私（家族）領域混在

図 2.11　南中央入り・玄関ホール型 A

南中央入り・玄関ホール型B：図2.12

(1) ○公（客）・私（家族）領域完全分化

図2.11を図2.12の間取りに改良リフォームすることは可能。

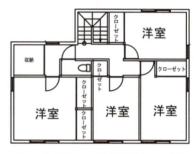

(1)○公（客）・私（家族）領域完全分化

図2.12　南中央入り・玄関ホール型B

南中央入り玄関ホール型C：図2.13

(1) ×公（客）・私（家族）領域混在
(2) ×①　家族動線「2階寝室・トイレ-1階浴室」が公（客）領域「トイレへの通路」を通る。
　　×②　家族動線「食堂D-1階トイレ・2階寝室」が公（客）領域「トイレへの通路」を通る。

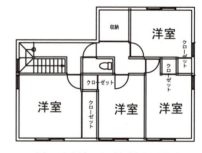

(1)×公（客）・私（家族）領域混在

図2.13　南中央入り玄関ホール型C

2.4 南中央入り・玄関ホール型

南中央入り玄関ホール型D：図2.14

(1) ○公（客）・私（家族）領域完全分化

図2.13を図2.14の間取りに改良リフォームすることは可能。

図2.11，2.12，2.13，2.14の南中央入り玄関ホール型の和室は公（客）領域と私（家族）領域の両方に属するが，私領域の色分け☐で示す。

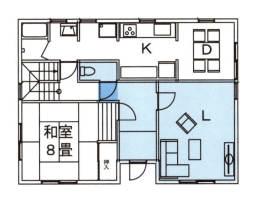

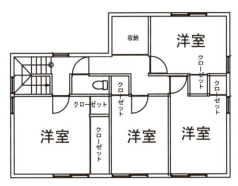

(1)○公（客）・私（家族）領域完全分化

図2.14　南中央入り玄関ホール型D

(A) と (B) の中廊下型（図2.1～2.7）は，玄関傍の和室が戦前は客間であったが，戦後は親しい客，改まった客の接客は中央の居間Lか，居間Lと食堂Dが受け持つようになった（戦前も親しい客は奥の茶の間に通した）。また戦後，玄関傍の和室は家族の寝室・趣味仕事室・客用寝室など多用途に使われるようになった。戦前と居住様式が変わったので，この和室は私（家族）領域と公（客）領域の両領域に属した間取り型でなければ，本来不都合である。

　(C) の北端入り玄関ホール型の図2.10のプランは中廊下型の変形で，「タテ型中廊下型」と呼んでもよく，(A) と (B) の中廊下型と和室・居間L・食堂Dの公私領域構成は同じであり，和室は公（客）領域に属する。(D) の南中央入り玄関ホール型（図2.11～2.13）は和室が公（客）領域と私（家族）領域の両方に属するので，戦後の多用途に使う和室として居住性が比較的高い。このような居住性の高い新しい間取り構成は4章で扱う。

3 新しい間取り構成

3.1 間取りの「円環パターン」図式

　前章までで見たように，わが国の戸建住宅の9割程度を占める中廊下型（A1型南端入り・北端入り）は，戦前型の間取り型を引き継いだ型であるが，戦後の住様式には必ずしも適応しない型である。
　そこで，現代住宅の住様式に見合う新しい間取り構成を見出すために，室配置が異なる多様な間取り型を規則的に導き出すことができるパターン図式法を考案した。
　家を求める人や家をリフォームする人が間取りの相異を見分けられ，住要求を満たす間取りを選び，間取りを作ることなどのために，このパターン図式法を身につけると，住様式・住要求や宅地条件に，より適合した間取り型を見出すことができるようになり，わが国の住宅の間取り型は大きく改良され，変容を遂げるのではないかと思われる。
　先ず，わが国の住宅に見られる間取り型のパターン図式を以下の手順で導いてから，規則的に生成できるすべての間取りパターン図式を導き出してテーブル化する。
　図3.1，図3.2の間取り図から

　　間取り模式図 ①　→　間取り模式図 ②　→　間取り円環パターン図 ③
　　（長方形分割図）　　（円環状）　　　　　（室固定円環状）

の順序でパターン図式を導く。

(1) 間取り模式図1（長方形分割図）を描く（図3.1）

居間（L）・和室（D）・食堂台所（DK）・浴室洗面（浴）・玄関（玄）の5室で長方形分割図を描く。5mm方眼の横3列×縦3段の正方形を上下2段に分割して横4マス×縦2マスの擬似長方形にすると分割図として使いよい。

たとえば，図3.1の中廊下型南端入りでは，先ず下段の左端の1マスに玄関（玄）を描き入れ，下段の残り3マスを2等分して居間（L）と和室（和）を書き込む。次に上段を2等分して浴室洗面（浴）と食堂台所（DK）を描き入れて完成させる。

（L）は南面にだけ配列し，（浴）は北面にだけ配列。（DK）と（和）と（玄）は南面，北面いずれにも配列され，（DK）と（浴）は上下段通し（南北通し，2マス）も作られる。

(2) 間取り模式図2（円環状）を描く（図3.1）

間取り模式図1（長方形分割図）を円環状に直して，各室の並び方を保って描いた図式。(3)の間取り円環パターン図式を導きやすくするための図式である。

3.1 間取りの「円環パターン」図式

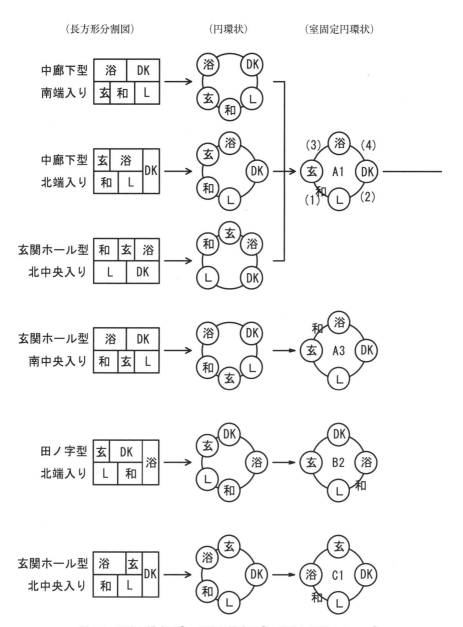

図3.1 間取り模式図①→間取り模式図②→間取り円環パターン③

第3章 新しい間取り構成

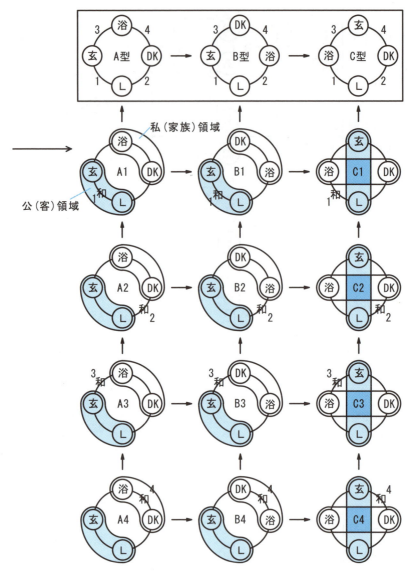

図3.2 間取り円環パターン 生成手順

(3) 間取り円環パターン（室固定円環状）を描く（図3.2）

円環状の「上」-「下」-「左」-「右」に各室を固定した図式を作る。円環の「下」（南）に（L）を固定して置き，「左」-「上」-「右」には，（玄）-（浴）-（DK）を置くA型と（玄）-（DK）-（浴）を置くB型と，（浴）-（玄）-（DK）を置くC型の3種類を作る。

各室を置いた円環の「上」-「下」-「左」-「右」の中間帯（1）-（2）-（3）-（4）の位置に和室（和）を置き，この和室（和）位置の中間帯番号（1）・（2）・（3）・（4）をA型・B型・C型につけて円環パターン記号（A1，B2，C1型など）とする。

中廊下型南端入り，北端入りと玄関ホール型北中央入りは1つの円環パターンA1型に括られる。間取り円環パターンは，各室の配列が異なっていても，住宅の外部に面して隣り合う各室のつながり方が同じ間取りすべてを括る図式である。玄関ホール型北中央入りにはC1型になる間取り型もある。玄関ホール型南中央入りはA3型により，戦前住宅から導いた田の字型北端入りはB2型になる。

3.2 円環パターンから間取りを構成する

(1) 間取り円環パターンと公(客)・私(家族)領域構成

間取り円環パターンは A1～A4 型，B1～B4 型，C1～C4 型の各 4 種類，計 12 種類できる。間取り型の左右対称形を同じ 1 つの図式に括れば，図 3.2 にテーブル化した 12 種類ですべての円環パターンが示される。

間取り型に満たされるべき基本機能としての (1) 家族の基本プライバシー (睡眠・入浴・排泄) と (2) 家族の来客時プライバシー (家族の食事・集まり) を妨げないようにするには，公(客)領域「居間(接客兼用)・和室[*1]・玄関・トイレ[*2] と通路」と私(家族)領域「食堂(家族室)・台所・洗面浴室・トイレ[*2]・2 階寝室と通路」が完全分化され，家族動線「食堂-トイレ・浴室・寝室」が客動線「居間-玄関・トイレ」と交錯しない間取り型でなければならない。

[*1]：**図 3.3〜図 3.10** のように，和室は A1，B1 型は公(客)領域に属し，A4，B4 型は私(家族)領域に属し，A2，A3，B2，B3 型は公(客)・私(家族)領域の両方に属する。A2，A3，B2，B3 型の和室は家族用(寝室・和室・趣味仕事室)に使いやすいことを重視して私領域 ☐ に色分けする。

[*2]：家族・来客共用トイレは公(客)領域 ☐ に色分けする。家族・来客共用トイレ出入口は家族トイレ動線と客トイレ動線が交錯(公・私領域混在) ☐ する。

図 3.2 のように円環パターン上に公(客)・私(家族)領域を色分けして図示できる(公(客)領域 ☐，私(家族)領域 ☐，公(客)・私(家族)領域混在 ☐)。

円環パターン上に公領域に属する居間 (L) と玄関 (玄) を括り，私領域に属する食堂台所 (DK) と洗面浴室 (浴) を括る。

A1 型と B1 型は和室 (和) が公領域に属する居間 (L) と玄関 (玄) に挟まれるので，この和室 (和) は公領域に属する。

A4 型と B4 型は和室 (和) が私領域に属する食堂台所 (DK) と洗面浴室 (浴) に挟まれるので，この和室 (和) は私領域に属する。

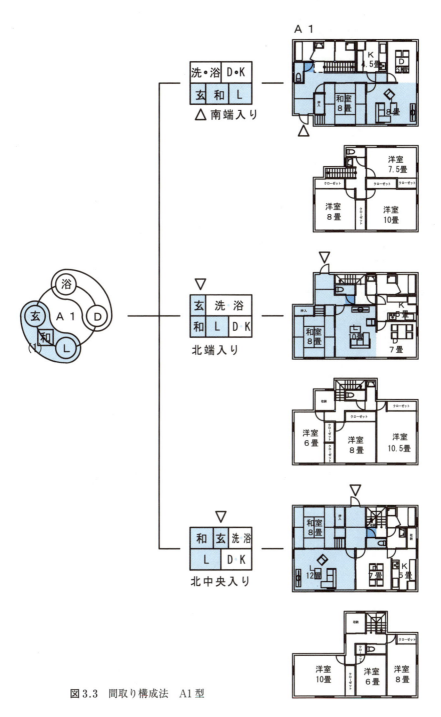

図 3.3　間取り構成法　A1 型

第3章 新しい間取り構成

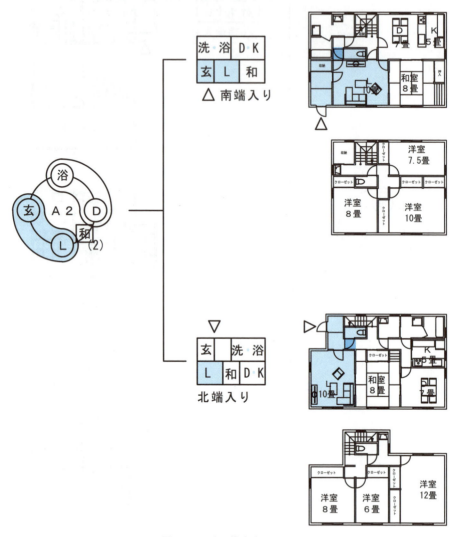

図 3.4 間取り構成法 A2 型

3.2 円環パターンから間取りを構成する

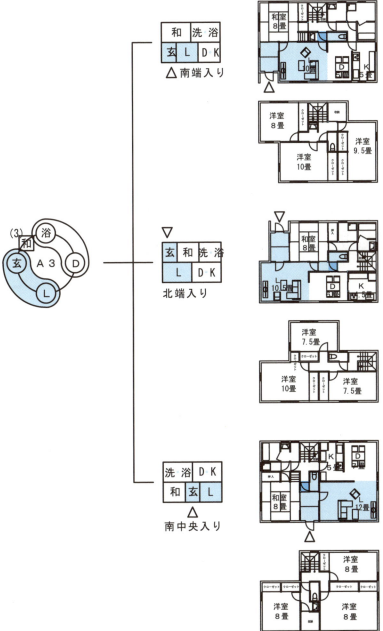

図3.5　間取り構成法　A3型

第3章 新しい間取り構成

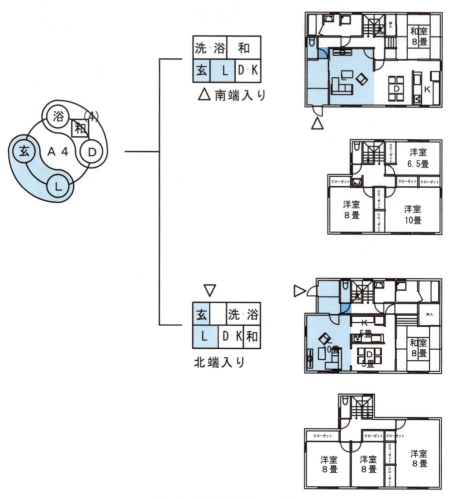

図3.6 間取り構成法 A4型

3.2 円環パターンから間取りを構成する

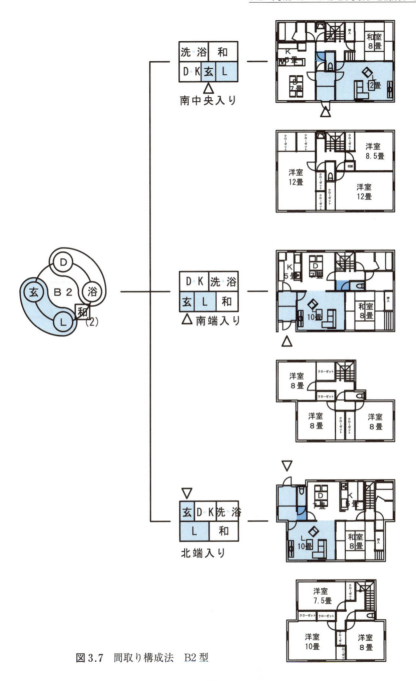

図 3.7　間取り構成法　B2 型

第3章 新しい間取り構成

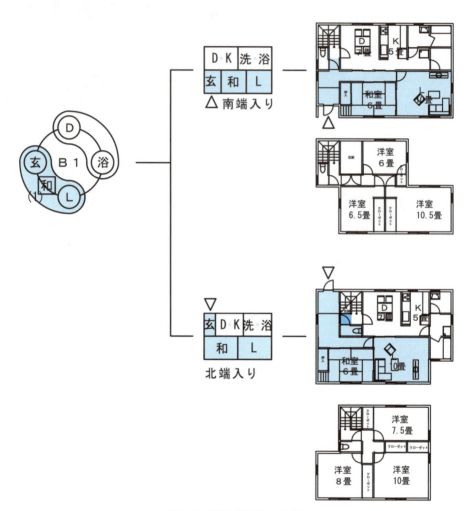

図3.8 間取り構成法 B1型

3.2 円環パターンから間取りを構成する

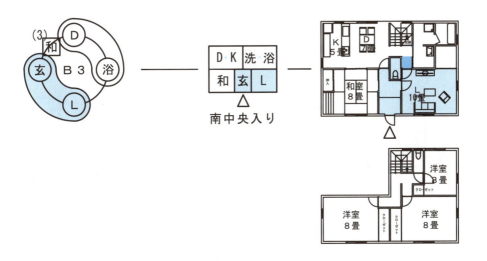

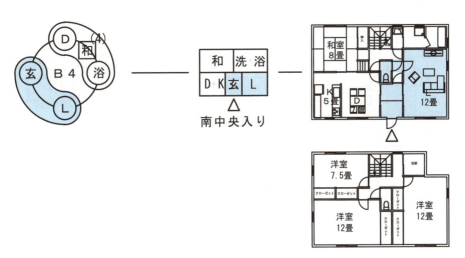

図 3.9 間取り構成法 B3・B4 型

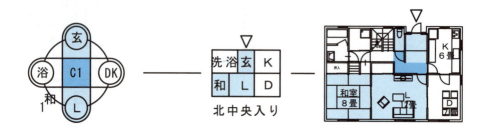

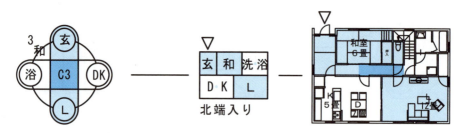

図 3.10 間取り構成法　C 型
C1，C2，C3，C4 型はすべて公・私領域混在する。

A2型，A3型とB2型，B3型は和室（和）が公領域と私領域の境界にあるので，公領域と私領域の両方に属する。

C1～C4型は公・私領域が分化せず混在する。

公・私領域が分化する円環パターンはA1型・A2型・A3型・A4型とB1型，B2型，B3型，B4型の8種類に限られる。

このA型とB型の8種類が(1)家族の基本プライバシー（睡眠・入浴・排泄）と(2)家族の来客時プライバシーを守る公・私領域分化型の間取り型をつくることが可能な間取り円環である。家族プライバシーを守る公・私領域分化型は家族と来客が気兼ねなく過ごせるだけでなく「住みよさ・安らぎ」を住まいにもたらす核心である。

(2) 円環パターンから間取り模式図を作る（図3.3～図3.10）

円環パターンから間取り模式図を導くには，玄関位置（南端入り，北端入り，北中央入り，南中央入り）を長方形分割図上に最初に描き入れる。

玄関（玄）を描き入れたら，本章の冒頭にある「(1) 間取り模式図1（長方形分割図）を描く」の解説どおりに居間（L）・食堂台所（DK）・洗面浴室（浴）・和室（和）を描き込む。

円環パターンの公（客）・私（家族）領域の括りに合わせて，間取り模式図の居間（L）・玄関（玄）・和室（和）を公領域に，食堂（D）・台所（K）・洗面浴室（浴）を私（家族）領域（和室（和）は公・私領域の一方または両方に属する場合がある）にして色分けする。

(3) 間取り模式図から間取り図を導く（図3.3～図3.10）

間取り図は間口（東西方向幅）×奥行（南北方向長さ）の寸法を，たとえば，6間（10.8 m）×4間（7.2 m）と決めて，居間L10畳，食堂D6畳，和室8畳などと，間取り模式図の配置どおりに各室を割り当てて，方眼紙（5 mmまたは4.5 mm方眼）に描く。

居間L，食堂D，和室はその短手の柱間隔を最長2間（3.6 m）に抑える。2階は1階居間L，食堂D，和室の上に寝室を3～4室乗せる。

間取り模式図に表記していない浴室洗面（浴）には浴室・浴室脱衣室・洗面・温水器室（UT）を描き込み，トイレは公（客）・私（家族）領域の境界につけ，階段上り口は私（家族）領域（の通路）につける。

住宅規模は，住宅間口6間（10.8m），5.5間（9.9m），5間（9m）/奥行4.5間（8.1m），4間（7.2m），3.5間（6.3m）でできる住宅間口×奥行が，6間×4.5間，6間×4間，6間×3.5間/5.5間×4.5間，5.5間×4間，5.5間×3.5間/5間×4.5間，5間×4間，5間×3.5間の9種類である。

室規模は
- 居間L12畳，10畳，8畳，/・和室8畳，6畳，4.5畳
- 食堂D8畳，6畳，5畳，4.5畳
- 台所K5畳，4.5畳，3.75畳
- 浴室2畳，1.67畳，/・洗面2畳，1.33畳
- 洗濯（UT）3畳，2畳，1.5畳
- 2階主寝室12畳，10畳，8畳
- 副寝室8畳，7.5畳，6畳，4.5畳

である。

3.3 新しい間取り構成──改良型から超改良型へ

A1型の原型である戦前に完成した中廊下型（図1.5）は玄関と玄関傍の客間（寝室転用）が公（客）領域に属し，中央の寝室と奥の茶の間（家族室・親しい客）は私（家族）領域に属し，公・私領域分化型が無理なく作れる間取り型である。

一方，戦後の戸建て住宅の9割を占めるA1型（図3.3）は，玄関傍の和室が家族の寝室・趣味仕事室・客用寝室など多用途に使われ，中央に居間L（接客室兼用），奥に食堂D（家族室・親しい客）が並ぶ。

A1型は玄関と居間L（接客室兼用）に挟まれた和室（家族用・客用の多用途室）は玄関・居間Lと同じ公（客）領域に属する。居間L（接客室兼用）が玄関から離れていること，家族動線「和室-食堂D・2階寝室」が公（客）領域「玄関ホール・居間L」を頻繁に通り抜けるのは，公（客）・私（家族）領域分化型を作る上できわめて不都合である。

この戦後住宅の住様式に見合う型として，南端入り，北端入りのA2・A3・B2型（図3.4，図3.5，図3.7）が挙げられる。これらの間取り型は戦前・戦

後住宅には見られない「新しい間取り型」である（B2型は戦前住宅の田の字型に類似の型である）。

これらの間取り型は居間L（接客兼用）が玄関傍に置かれるA1型（図3.3）と異なる。戦前は玄関に一番近い和室が接客室（改まった客）であったが，戦後は居間Lが接客室兼用となったので，居間Lが玄関傍にある室配置のA2，A3，B2型はA1型よりも，戦後住宅には適応する間取り型である。

またA2，A3，B2型（図3.3，図3.4，図3.7）は和室が公（客）領域「居間Lと玄関ホール」と私（家族）領域「食堂台所DKと洗面浴室，通路」の両方つながるのに対して，A1型は和室が公領域「居間Lと玄関ホール」だけにしかつながらない。

和室が家族用（一部客用）として多用途に使われる戦後住宅には，A2，A3，B2型がA1型より見合う間取り型といえる。

間取り円環パターン（図3.2）の公・私領域構成に示されるようにA2，A3，B2型の和室は公領域☐にも私領域☐にもつながる（属する）ので公領域と私領域の両方の囲み枠で括るべきだが，見難くなるので囲み枠を外してある。間取り図では私領域☐に色分けする。

A4型（図3.6）は和室が私領域「食堂台所DK・浴室洗面・通路」にだけ繋がり，公領域「居間L・玄関」と離れていることがA2，A3，B2型と異なる点である。和室が主に家族用に多用途に使われる戦後住宅には，和室が公領域にだけ繋がるA1型より，和室が私領域にだけ繋がるA4型の方が適応する間取り型といってよい。

南端入り・北端入りのA2，A3，B2型はわが国の現代住宅によく見合う間取り型といえる。A1型の公（客）・私（家族）領域分化型を改良型間取りと呼ぶなら，A2・A3・B2型の公・私領域分化型は戦後住宅には見られない「進化する新しい間取り型」であり，「超改良型」間取りと呼んでよい。

A1型の北中央入り・玄関ホール型（図3.3）とA3型の南中央入り・玄関ホール型（図3.5）は戦後住宅に見られる間取り型だが改良型の公（客）・私（家族）領域分化型はほとんど見られない。

南・北中央入り玄関ホール型の間取りとしてA1・A3型は数少ない型である。A1型北中央入りは食堂D（家族室）に親しい客を招き入れやすい玄関ホ

ールをもち，A3型南中央入りは公（客）・私（家族）領域の両方につながる和室をもつ型である。

　B3，B4型（図3.9）はA3型（図3.5）とともに介護室（A3型は和室，B3，B4型は居間Lを介護室）を取りやすい型である（次章の4章「高齢者の居住形態」参照）。

　B2，B3，B4型南中央入り（図3.7，図3.9）は接客室「居間L」と家族室「食堂D」が離れて配置される数少ない間取り型である。（4章の「近隣社会交流・外界拒絶症候群・防犯防災」参照）。

4 住宅計画

4.1 乳幼児遊び・子供学習読書・家族集まり・接客

「子育て」は住宅が担う最たる役割機能である。住宅の食堂・居間での「家族の集まり」は子育てに係わる行為であることが多く，「近隣社会交流（接客）」も「子育て情報交換」であることが多い。子育てには，(1)「乳幼児の屋内遊び」と(2)「子供の学習読書」の2つが特に深く係わる。

(1) 乳幼児の屋内遊び

乳幼児の屋内遊び場として，食堂（家族室・親しい客）・居間（接客室兼用）・和室（家族多用途室・改まった客）の3室を一体的にも区切っても遊びに使えて，この3室が台所仕事をする母親から見通せて，遊ぶ乳幼児を母親が見守れるように3室が室配置されていることが大切である。

この条件を満たすことが可能な間取り型は A1，A2，A3，A4，B2 型の南端入り・北端入りと A1 型の北中央入りの間取りである（図4.1）。

(2) 子供の学習読書

子供（大人も含めて）が家で学習読書する習慣がつく環境を用意するには，「学習読書スペース」を「家族の集まり場所」と「接客場所」と同等なものとして「食堂」・「居間」・「和室」の3室に組み入れることが必要である。

基本的には「食堂（家族室・親しい客）」に学習読書スペースを組み入れ，「食堂」に親しい来客あるときには「居間」でも学習読書できるようにしてお

第4章 住宅計画

くとよい。

　学習読書スペースを静寂な空間に保つには，各間取り型で図4.1のように学習読書スペースを通常と来客時で移動させ，接客室も組み替えた使い方をすることが必要となる。

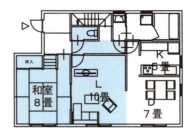

A1型　南端入り・北端入り
・食堂D：家族室（来客時学習室）　・居間L：学習室　・和室：接客室

A3型　南端入り・北端入り
・食堂D：家族室（来客時学習室）　・居間L：学習室　・和室：接客室

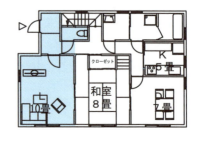

A2型　南端入り・北端入り
・食堂D：家族室（来客時学習室）　・和室：学習室　・居間L：接客室

図4.1(1)　子供の学習読書・家族の集まり・接客/乳幼児の遊び

4.1 乳幼児遊び・子供学習読書・家族集まり・接客

A4型　南端入り・北端入り
・食堂D：家族室・学習室　・和室：（来客時学習室）　・居間L：接客室

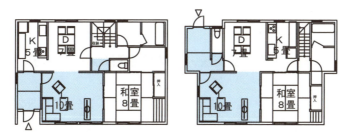

B2型　南端入り・北端入り
・食堂D：家族室・親しい客　・和室：（来客時学習室）　・居間L：接客室
　　　　学習室

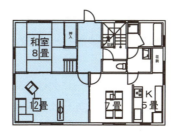

A1型　北中央入り
・食堂D：家族室・親しい客　・和室：（来客時学習室）　・居間L：接客室
　　　　学習室

図4.1(2)　子供の学習読書・家族の集まり・接客/乳幼児の遊び

A1・A3型南・北端入りは,「和室」を接客室,「居間」を学習室として「食堂(家族室)」は来客時学習読書にも使う。

A2型は,「居間」を接客室,「和室」を学習室,「食堂(家族室)」は来客時学習読書にも使う。

A4型は「居間」を接客室,「食堂(家族室)」を学習室,「和室」を来客時学習読書に使う。

A1型南中央入りとB2型は「食堂(家族室)」を親しい客と学習読書,「和室」を来客時学習読書に使う。

このように各間取り型で各室を使い分けて,学習読書スペースを接客スペースと1部屋離れるようにすると学習読書スペースは落ち着いた静寂空間に確保できる。

4.2 近隣社会交流・外界拒絶症候群・防犯防災

子育てにとって,近隣社会交流(接客・訪問)に伴う子育て情報交換は欠かせない。乳幼児や子供をもつ多くの親は互いの家庭を訪問し合うことになる。また,近隣社会の親密な接触が災害時の近隣相互扶助や近隣自力救援につながり,隣近所がよく知り合っていることが地域防犯防災に大きな役割を果たす。

一方,地域社会における深い「つきあい」は煩わしいものと思われるようになり,頻繁に訪問し合うことや,互いに"ちょっと立ち寄る"つきあいは好まれなくなってきており,「外界拒絶症候群」と呼ばれる症状を抱える人が増えている。

このことは,来客時の家族プライバシーに欠ける間取りの住宅が多く,住宅を訪問したり,訪問されたりするときに互いに気兼ねし合うことがよくあることも原因である。

間取りが気がねすることの原因であることはあまり気づかれておらず,この気兼ねすることが心理的ストレス(居住ストレス)を引き起こすこともあまり知らていない。

来客時の家族プライバシーが守られる間取りとは,住宅の公(客)領域「居間(接客兼用)・玄関・トイレと通路」と私(家族)領域「食堂(家族室)・台

所・洗面浴室・トイレ・2階寝室と通路」が公（客）・私（家族）領域分化している間取り型をいう。(1階トイレは公・私領域に属する。1階和室は公・私領域の一方または両方に属する場合がある。)

すなわち，(1)「浴室出入口」と「階段上り口」は来客通路にならず，(2)「トイレ（家族・客共用）」は家族動線「食堂からトイレ」と客動線「居間からトイレ」が「トイレ出入口」以外では交わらず，(3)「食堂」からの家族動線は「居間」を通り抜けず，「居間」からの客動線は「食堂」を通り抜けないルートをもつ間取りをいう。

前章で導いた公・私領域分化型（改良型・超改良型）間取りの中で**図4.2**(a)の「家族室（食堂）と接客室（和室）が離れて見通せない間取り型」A3型南・北端入り・南中央入り，B2型南・北端入りと，図4.2(b)の「家族室（食堂）と接客室（居間）が離れて見通せない間取り型」A2型南・北入りと，B2型・B3型南中央入りが家族プライバシーがより良く守られる間取り型である。

図4.2(a)のA3型・B2型南・北端入りは，食堂（家族室）と和室（接客室）がL型の両端に置かれ中間に居間が置かれて，家族室と接客室が離れて見通せなくできる。

A3型南中央入りは食堂（家族室）と和室（接客室）がその間に居間と玄関ホールが置かれて大きく離れる。

図4.2(b)のB2型・B3型南中央入りは，食堂（家族室）と居間（接客室）が玄関ホールを挟んで離れて置かれて見通せなくできる。このような間取りが来客時家族プライバシーをより高める。

来客時の家族プライバシーが守られて，かつ図4.2(a)，図4.2(b)のような「家族室」と「接客室」が離れて見通せない使い方もできる間取り型はこれからの住宅として注目されてよい。

特に，「子育て」（子供の学習読書・乳幼児の遊び）の間取り型にも挙げたA2型・A3型・B2型南・北端入りは戦後住宅にはなく，これからの住宅としてより注目される。

「子育て」・「地域防犯防災」・「高齢者居住」には近隣社会交流が欠かせない。近隣社会交流にはその拠点としての住宅は，来客時の家族プライバシーがより高くなければならない。

第4章 住宅計画

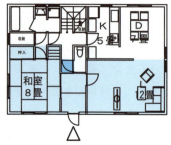

A3型　南端入り・北端入り
　　　南中央入り

B2型　南端入り・北端入り

図 4.2(a)　家族室（食堂）と接客室（和室）が離れて見通せない間取り型

4.2 近隣社会交流・外界拒絶症候群・防犯防災

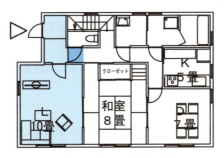

A2型　北端入り/南中央入り

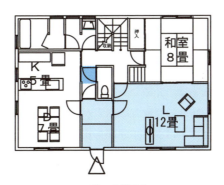

B2型　南端入り

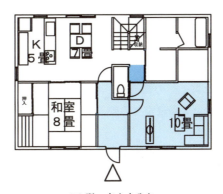

B3型　南中央入り

図4.2(b)　家族室（食堂）と接客室（居間）が離れて見通せない間取り型

第4章 住宅計画

　地域社会において，"ちょっと立ち寄る"ようなつきあいが好まれなくなり，外界拒絶症候群と呼ばれる症状も珍しいものではなくなってきている。さらに，閉じこもり症候群も若年層だけでなく高齢化して200万人を超えるといわれる。閉じこもり症候群の兆候のある人も来客時に集える家族室のある来客時家族プライバシーの高い住宅を考えるべき時に来ている。

4.3　高齢者の居住形態

(1)　介護向き間取り型はきわめて少ない

　在宅療養をする場合，さまざまな福祉・介護サービスを受けることになる。自宅に介護保険サービスの訪問者が入ることになると，利用者（被介護者）も家族（同居する夫婦や子供）も心理的ストレスや抵抗感を強く感じることが多くなる。

　このストレスや抵抗感は，介護サービスの訪問者が自宅に入ると家族と被介護者のプライバシーを妨げる間取りの住宅が数多いことも原因で起こる。

　家族と被介護者のプライバシーが妨げられない間取り型は一般に介護室となる和室が公（客）領域と私（家族）領域の両方に属することが可能なA2型・A3型・B2型・B3型（図4.3）に限られる（3章の「間取りパターン図式」の公・私領域の括りを参照）。

　図4.3のA3型南中央入りは戦後住宅に少数（5%程度）見られる唯一の介護向き間取り型であり，家族と被介護者のプライバシーが妨げられない間取り型である。和室を介護室にすると，この介護室（和室）は公（介護者）領域と私（被介護者・家族）領域の両方に属し，訪問する介護者の「介護室（和室）からトイレ・居間・玄関」への動線と，被介護者・家族の「介護室（和室）からトイレ・浴室・食堂・2階寝室」の動線が交わらず，家族と被介護者のプライバシーが妨げられない。

　図4.3のB3型南中央入りは居間を介護室にして，和室を接客室兼用にすると，この介護室（居間）は公・私両領域に属し，家族と被介護者のプライバシーを妨げない。（和室を介護室にしても，この和室は公・私領域の両方に属しているが，この和室と食堂（家族室）が隣接しているので，介護訪問者が介護

4.3 高齢者の居住形態

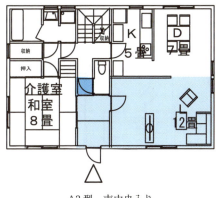

A3型　南中央入り

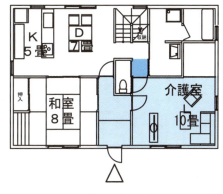

B3型　南中央入り

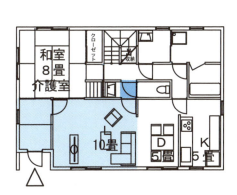

A3型　南入り

A3型　北端入り

図4.3(1)　介護向き間取り型

第4章 住宅計画

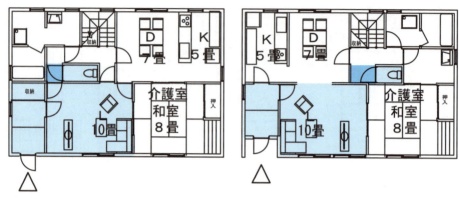

A2型　南端入り　　　　　　　　B2型　南端入り

A1型　北中央入り

図4.3(2)　介護向き間取り型

室（和室）に長く居るときなど，家族に不都合である。）介護向き間取り型はA3型・B3型南中央入りに限られるといってよい。

図4.3のA3型南・北端入りは介護室（和室）が公領域（玄関ホール）と私領域（私領域通路）につながり介護向き間取りとして必要条件を満たすが，介護室（和室）と居間が隣接しているので，来客時に介護訪問者，被介護者と来客の双方にとってやや不都合である。

A2型・B2型は図4.3のように介護室（和室）が公領域とは居間でつながり，介護訪問者は居間を通り抜けて介護室に出入りすることになり，来客があるときは不都合である。

戸建住宅の9割を占める南・北端入り中廊下型（A1型）は和室が公（客）領域に属し，私（家族）領域には直接つながらず，この和室は介護室に不向きであり，南・北端入り中廊下型は介護向き間取り型とはいえない。

同居家族がいる場合，被介護者と家族のプライバシーを守って，心理的ストレスや抵抗を感じることなく暮らせる介護向き間取り型は数少ない。

特に高齢者は在宅療養だけでなく，老後どのように暮らすかさまざまなサービスや居住施設を活用しながら生活することを真剣に考えなければならない。

(2) 老後をどのように暮らすか

2000年に始まった介護保険制度は介護の社会化を目指して創設された。しかし，公的な施設での介護は財政負担が大きく，介護の方向性は，住み慣れた地域でいかに長く暮らすかが焦点になっている。健康で元気に自宅で暮らし続けることが理想ではあるが，高齢になるとさまざまな健康上の問題を抱えることも多い。老後，どのように暮らすのか。公的に私的にさまざまなサービスや施設・機関を活用しながら生活する選択肢として以下がある。

a. 自 宅

住み慣れたわが家で最期まで過ごしたいという希望は，介護保険制度によるサービス等をうまく組み合わせることによって叶えられる可能性は高い。ただ地域差が大きく，サービスが充実している地域では可能でも，過疎地などサービス事業所が近隣にない，またはサービス自体が地域に存在しない場合もある。

たとえば，現在は在宅医療で行える医療行為の幅が広がっており，急性期の

治療やリハビリが終了し，慢性的に経過する状態となった場合には，自宅療養が可能となってくる。

自宅への訪問診療医が確保でき，訪問看護ステーションとの連携を取ってもらえれば，がん末期の患者が自宅で疼痛管理を行いながら緩和ケアを受け，自宅で家族が看取ることも可能である。

自宅で何らかの手助けが必要となった場合は，まずは最寄りの「地域包括支援センター」に連絡し，要介護認定を受けるか，または介護予防サービスの適用となるか相談するとよい。

〈自宅で受けられる介護保険サービス〉
　　訪問介護（ヘルパー）
　　訪問看護（看護師）
　　訪問リハビリ（理学療法士・作業療法士・言語聴覚士）
　　訪問入浴など
〈自宅で受けられる医療〉
　　訪問診療（医師）
　　訪問看護（看護師）など

b．サービス付き高齢者住宅

2011年に制度化され，安否確認や生活相談を提供している。介護サービス利用時は外部事業者を活用する。自宅での高齢者だけでの生活が難しくなったときの選択肢，あるいは特別養護老人ホームなど公的な高齢者施設への入所が難しく，すぐには入居できる施設が見つからない場合に選択されることも多い。「サービス」にはさまざまな幅があり，完全に個別の居宅となっているマンション形態の住居に管理人が通いで見守り程度を行っているものから，介護度が高くなっても住み続けることができるところまである。多くは共用スペースがあり，食事の提供等を行っている。

一定のサービスの保証があるわけではなく，どの程度の介護状態まで住み続けられるかもさまざまであるため，入居を考える際には必ず複数の高齢者住宅を見学し，比較検討することが必要である。「高齢者の居住の安定確保に関する法律（高齢者住まい法）」に登録基準が規定されており，現在，約22万戸が登録されている。

c. 特別養護老人ホーム

65歳以上の要介護者が対象の入所施設で，施設内で介護サービスを低料金で受けられる公的な施設である。今後新たに入所する場合には要介護3以上の要介護認定を受けた人のみとなる。都市部では特に入所待機者が多く，1つの施設に数百人の入所待ちも珍しくはないほど，入所が難しい現状がある。

重度の要介護状態にも対応しており，看取りを行う施設も増えている。対象者数には制限があるが，胃瘻などにも対応している場合が多い。100名前後の大規模施設も多いが，近年はユニットケア型が推奨されてきたため，10名前後のグループに分けて共同スペースが設けられ，食事や日中の活動もグループ単位で行われている施設が増えた。職員もユニットごとに担当制となっているため，なじみの環境ができるというメリットがある反面，基本的に個室のため，個室利用料が上乗せされ，利用者負担が高くなり，最近は個室化見直しも進んでいる。老人福祉法，介護保険法に規定があり，現在の定員は約58万人である。

d. グループホーム

認知症対応型のグループホームは介護保険制度による在宅サービスに区分される。認知症の人を対象としており，基本的に9人を1グループとして運営されている。個室と共同スペースで構成されており，職員とともに食事を作る，洗濯物をたたむなどの家事を行ったり，散歩や園芸を行ったりといった自宅に居るような日常生活を送る。職員を含めた少人数での生活を送ることによって，なじみの環境のなかで混乱を抑え，ゆったりとした時間を過ごすことで認知症の進行を遅らせることも目的としている。

社会福祉法人や医療法人等だけでなく，NPOや株式会社なども参入できることから，一時は設立に制限が出る地域もあるほど乱立した。そのため，施設基準はクリアしていても，質の問題には注意が必要である。介護保険法に規定がある。

e. 有料老人ホーム

民間の老人ホームである。費用はさまざまな形があり，数百万円の入居一時金と月々の諸費用（家賃相当と介護費用）数十万円が一般的である。入居一時金は入居の年数で減価償却される。介護付きホームは施設内で介護保険サービ

スを提供しているが，どの程度の介護度まで入居可能であるかは施設によるため，確認が必要である。

4.4 庭・緑・景観

　戸建て住宅の敷地には，住宅（建築物）を除いた外部空間，いわゆる「外構」がある。

　外構は，住宅に至るエントランスとしての役割や駐車場としてのスペースがあるが，緑を取り入れた「庭」は，住生活自体を左右する可能性のある重要な空間である。

　一般に，庭は，居住者の立場から見ると，住宅内部の開口部から見える心を豊かにする景観形成の役割，庭におけるガーデニング等のレクリエーションに資する役割，また，鳥のさえずり等や地球環境問題の解決に寄与するような環境保全に資する役割がある。

　また，各住宅周辺の住民や町全体においても，各戸建て住宅が庭の緑を構成することによって創造される「緑豊かな街並みの形成」や，緑を通じた「コミュニケーションの形成」の役割もあり，近年では，自らの庭を一般に公開する「オープンガーデン」の取組みのような，緑を通じたコミュニティに基づく地域価値の向上に繋がる動きもよく見られる。

　さらに，庭や住宅地の自然・緑の「新しい価値」を活用すべく，住宅メーカーは，地域固有の種類の樹木を植えた「庭」や，住宅に付随した「屋上緑化」「壁面緑化」等の「自然・緑」と一体化した商品として住宅を売り出し，住宅の売上向上（＝「経済価値」）のみならず，自然共生，コミュニティ形成等の社会価値の創造との両立（共通価値の創造）を図る事業も数多く行うようになっている。

　このように戸建て住宅における「庭」や「自然・緑」は，各住宅の居住者や地域の住民にとって，地域に多様な価値をもたらす。不動産価値の観点からみると建築は，一般に経年劣化により価値が下がるとされるが，自然・緑は経年による樹木の成長等によりむしろ価値が高まる。

　以上のように，戸建て住宅における「庭」や「自然・緑」は，今後の地域の

さまざまな課題の解決に向けても導入を積極的に図るべきである。

一方，その導入を図るには，「維持管理等に関わる手間，知識不足，コスト負担」，「落ち葉等の問題」「比較的狭小な敷地面積における庭面積の制限」等が一般的に課題となる。

このような課題に対し，維持管理や落ち葉の問題に関しては，庭木等の選定の際に，花・実・紅葉等の樹木の庭木としての価値について配慮しつつ，比較的成長の遅く，剪定等の手入れの必要性が少ない樹木や，落ち葉の少ない常緑樹を植栽すること，また，手入れの必要性が比較的大きな高木は少数にしつつ中低木を比較的密度を高め植栽することや，ハーブ類を中心とした草本類等を植栽することが考えられる。

また，「狭小な庭」への対応策として，上述したような住宅に付随させた緑化である「屋上緑化」，「壁面緑化」がある。

屋上緑化は，土壌の荷重（土厚10 cm程度≒1 m^2 100 kg程度），勾配（10-15度程度が適正）等，住宅建築そのものがクリアすべき条件もあるが，都心部の狭小住宅における魅力的な緑化手段となり，不動産価値向上にもなる。

また，壁面緑化については，近年「緑のカーテン」として夏季の住宅の室内温熱環境の改善を図りつつ，ゴーヤ，ぶどう等も収穫でき，屋上緑化と比較し，住民自ら容易に導入できるものとして注目されている。

さらに，上記の課題に対しては，行政による落ち葉ごみの収集に対する援助等に加え，住民への環境教育等も期待される。具体的には，小学校との環境教育と連携した地域のみどり形成としての緑化による，都市緑化の環境保全の役割の理解促進や，それを通じた他世代交流が考えられる。

4.5　近隣住区（小学校区）の見方

わが国の都市の住宅地（近隣住区）は小学校区を単位として構成されており，一般に住宅地を選ぶことは小学校を選ぶことでもある。

格子状の市街地であれば，縦・横1 km四方で，縦・横とも100 m間隔道路が走る1ブロック100 m×100 mの住宅地（＋近隣施設）ブロックが100ブロックある形が近隣住区（小学校区）の標準モデルといえる（**図4.4**）。

第4章 住宅計画

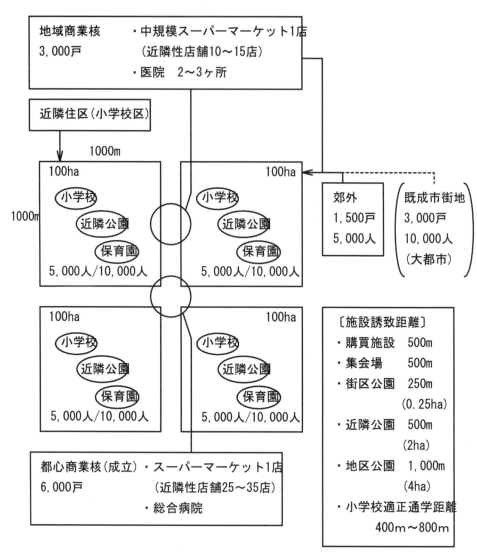

図4.4 既成市街地の近隣地区（小学校区）

4.5 近隣住区（小学校区）の見方

　この1km四方の正方形モデルが長四角や台形・三角形・半円やそれらの組み合わせで実際の近隣住区（小学校区）は成立している。

　多くの小学校区は人口5,000人～10,000人（1,500戸～3,000戸），小学生5％～10％（250人～1,000人，2クラス～4クラス/学年）程度の規模である。

　1980年頃までは小学生10％，1,000人4クラス/学年の小学校区が多かったが，1980年代に小学生5％，250人，2クラス/学年に郊外移住等で人口減少した小学校区が増えて，2010年代に小学生10％，1,000人，クラス/学年に都心回帰で再び人口増加した小学校区もある。

　小学校の統廃合が一部で始まっているが，徒歩圏（400m～1,000m）に小学校がある住宅地はまだ多い。今までは，小学校が徒歩圏にあるかどうかが住宅地を選ぶ決め手であったが，交通事故・犯罪対策から少なくとも小学校低学年までは車送迎するか，スクールバス利用できる学校にするかを考えなければならない地域が増えている。

　この車社会では車の危険のない小学校低学年までの子供の屋外の遊び場があることが住宅地を選ぶ唯一のポイントといってよい，教育・購買・医療施設の誘致距離などは重要視されなくなっており，車のない生活は不便を来たし，高齢者には住みにくい住環境になってきている。今，住環境計画は大きな課題を抱えている。

5 塗壁外断熱

5.1 画期的な塗壁外断熱の開発

「この建物はいつまで持ちますか」「100年以上は長持ちします。皆さんがお年寄りになってもこの建築は建っています」「塗壁外断熱」で施工した児童施設（2015年，札幌市）の開園式で一人の園児の質問に設計者が答えた。100年以上長持ちすることを自信をもって答えられるのは塗壁外断熱の設計だけであると，この設計者は述懐している。

塗壁外断熱（序章の図5）はブロック造やコンクリート造の建築躯体の外側に後貼りした発泡ポリスチレン板に接着モルタル（メッシュ埋め込み）を塗り，その上に仕上げ塗料を薄塗りする工法である。

コンクリート（アルカリ性）は，65年で中性化深さが外表面から3cm（鉄筋位置）に達して，鉄筋腐食が始まり強度が弱く脆くなる。ひび割れ・雨水侵入があると20～30年で鉄筋腐食する。塗壁外断熱でコンクリート造の外表面を被覆・保護すると，鉄筋腐食が始まるのは約3倍の180年に延びる（序章の図4参照）。

塗壁外断熱はオイルショック（1973年）後にドイツで急速に普及し始め，わが国でも，その直後に開発を始めて1979年に国産化・商品化された。

塗壁外断熱はドイツの建築左官業者の間でブロック造の外壁補修工法として自然発生的に生まれた工法である。

第5章　塗壁外断熱

　ドイツのブロック造建築はもともと断熱材無しのブロック 30 cm 厚の外壁だった。戦後 25 cm 厚のブロックが作られて，ブロック 25 cm，塗壁外断熱 5 cm で，もともとの無断熱 30 cm 厚ブロック造とほとんど変わらず工事ができたこと，オイルショック（1979 年）後に省エネルギー工法，断熱工法が脚光を浴びたことが塗壁外断熱の急速な普及定着につながった。

　無断熱であったドイツのブロック造建築は塗壁外断熱を付加することによって，防寒防暑性，調湿性（湿気吸放湿）・防水性・耐久性などほとんどの建築性能が大幅に向上し，ドイツの建築は建築性能的に画期的な進化を遂げた。

　塗壁外断熱は米国・トルコ・中国にもドイツから移入され普及した。一方，わが国では塗壁外断熱を 30 数年前に独自に国産化（1979 年）したが，未だ普及の途上である。

　わが国で，戦前から戦後しばらくは普及していた木造「土壁造り」は，調湿性（湿気吸放湿）・防水性・耐久性などは塗壁外断熱を凌ぐほど建築性能が良く，ドイツ人の塗壁外断熱に精通した建築技術者もわが国の木造土壁造りを絶賛している。

　戦後の省力化・工業化の流れの中で木造土壁造りは数寄屋建築など伝統建築にわずかに姿を止めるだけになった。戦後に普及した木造「モルタル塗装」・「建材ボード壁」なども塗壁外断熱を付加することによって建築性能レベルの高い建築に蘇えることが可能である。

　塗壁外断熱は土壁造りを発泡ポリスチレン貼りに替えるだけの工法ともいえ，建築左官職の仕事を少し変えて進化させると成立し，日本の伝統の左官職で最もこなせる仕事である。塗壁外断熱工事が多い北海道では左官職の 1 グループ（イーエス・テクノ工業）が 30 年前から全道の仕事を一手にこなし，さらに東北・関東・北陸の塗壁外断熱工事にも出向いている。

　塗壁外断熱によってはじめて実現できることをいくつか挙げてみる。

5.2　壁体の蓄熱利用で冷暖房大幅省エネ・節電する

　鉄筋コンクリート造だけでなく木造でも塗壁外断熱で被覆された壁に夜間冷気が蓄熱されて日中に冷放熱されると室内を涼しく保てる。窓は二重窓（ペア

ガラス),屋外日除け(オウニング)を取り付けるとよい。(断熱材厚発泡ポリスチレン5cm以上)

塗壁外断熱の開発初期(1980年頃)に,札幌で塗壁外断熱改修(断熱厚10cm)した木造住宅(外壁ラスモルタル)で実験して,塗壁外断熱住宅は盛暑の時期も札幌では冷房しないで過ごせることを確かめた。

早朝から28℃〜30℃の盛暑が続く1週間,夜間冷気を2階の南・北の窓(網戸)から取り入れた。その間1週間,毎日1階のLDK(22℃〜25℃)が涼しく保てた。

北海道でも真夏1ヶ月以上を冷房する家が増えたが,塗壁外断熱の家はコンクリート造も木造も盛暑の時期も冷房せずに過ごすことができる。

本州では建物躯体の蓄熱・冷気(低温)が盛暑の時期に不足気味になったなら3〜4日に1度,短時間(2〜3時間)補助冷房をして蓄熱冷気を補うとよい。基礎コンクリートは地中まで塗壁外断熱にして蓄熱容量を増すと冷房効果が大きくなる。表面積の大きい木材内装部品や大型家具・建具も熱容量は大きい。

冬期の暖房は暖房開始時に終日(24時間)近く,24℃〜25℃で暖房をして建物躯体にまず蓄熱する。塗壁外断熱(断熱厚発泡ポリスチレン5cm)の家は室温18℃〜20℃で暖かく寒さは感じない。冬期は直射日光を取り入れて,床や壁の蓄熱に加えることも効果がある。

外気温が0℃,5℃,10℃の3段階位で建物躯体の放熱量の違いで毎日1度,3〜4日に1度,7〜8日に1度朝方に短時間(2〜3時間)補助暖房をして蓄熱量を補うことで寒さを取り除き暖かく過ごせる。

北欧・ドイツでは無暖房住宅(断熱材厚300mm)が増えている。熱交換型換気と断熱窓(木製サッシ・二重窓(ペアガラス))にするだけで無暖房住宅は実現する。無冷房住宅も熱交換型換気と断熱日除け窓で実現可能である。

5.3　結露防止,かび・だにの根絶

室内温度と外壁内側温度の温度差が11℃以上で湿度50%以上だと必ず結露する。たとえば室温20℃で外壁内側温度9℃以下だと必ず結露する。

塗壁外断熱の開発初期(1980年頃)に,結露・かび改修工事の引き合いが

全国的にあり，特に北海道の鉄筋コンクリート造公営住宅・企業社宅に深刻な結露・かび被害が多かった。

　集合住宅の北側や妻側（東・西側）の外壁内側に「かび」が盛り上がって張りついていて部屋は使えなくなっていた。塗壁外断熱改修後，外壁内側は乾燥して湿気がなくなり，かびは簡単に剥がれ落ちた。室内の塗装仕上げをし直して，部屋は何事もなかったように綺麗になり使える状態に改修された。

　結露・かび被害が人目につく建物は改修につながったが，外壁内側に内装パネルが貼られていて，結露・かびが隠れて見えない建物や，外壁内側に内断熱されていて外壁内側部分に結露・かびがある建物などが全国的に数多くあり，このような建物の結露でかび・だにが発生・繁殖する。

　シックハウス症候群を引き起こす化学物質が規制されても，かび・だにが繁殖すればシックハウス症候群は根絶できない。

　結露発生前の水蒸気発生段階で外壁構成材の調湿機能（湿気吸放湿）が働いていれば湿気が吸放湿されて結露は発生しない。また，発生する結露水が多い場合，結露水が再び気化してその湿気が吸放湿されると結露被害は生じない。このような調湿機能のある材料は土，コンクリートのほかにプラスチック系ではビーズ法発泡ポリスチレンだけである。

　ビーズ法発泡ポリスチレンは原料発泡ビーズが金型の中で熱せられてさらに発泡して，互いに薄膜の蜂の巣状に融着成型（溶けて接着）される。蜂の巣状の薄膜は湿気を吸放湿するが水は通さない。

5.4　阪神大震災で外壁が無傷だった

　阪神大震災で多くの住宅が倒壊した西ノ宮に大震災の15年前（1980年）にプレハブ型枠を使った鉄筋コンクリート造の塗壁外断熱住宅が建てられた。関西で一番早くに建った塗壁外断熱の建物である。

　築15年の1995年に阪神大震災に遭ったが建物はまったく無傷だった。外壁材の軽量発泡コンクリートパネルには数多くの亀裂が発生しているのが，クロス直貼りの室内側から見てとれるが，外壁外表面の「塗壁外断熱」には亀裂や剥離などの損傷がまったくなかった。築30数年の現在まで外壁は1度も補修

されていない。

　塗壁外断熱の発泡ポリスチレン（5 cm 厚，16 kg/）は発泡倍率が高く粘りがあるものを使っている。すなわち躯体下地の変形に追従性が高く，発泡ポリスチレン1m角パネルは躯体下地の歪み（ズレ）が3.3 cm までの変形に追従（復元）できる。

　発泡倍率が低い一般の発泡ポリスチレン（30 kg/）は変形追従性は低く，ほかに外装材に使う建材で「硬さ」と「変形追従性（粘り）」の両方を供えた材料は発泡ポリスチレン（16 kg/）以外に見当たらない。

　この発泡ポリスチレン板は目地をとらず突き付けて張り上げる。張り上げた発泡ポリスチレン板（90 cm×60 cm）に下地接着モルタルを塗り，グラスファイバーメッシュを埋め込む。1m幅のグラスファイバーメッシュは互いに10 cm 重ね合わせて縦貼りして埋め込む。

　このグラスファイバーメッシュは発泡ポリスチレン板が収縮して目地に亀裂が発生するのを抑える役割をしている。日本の「土壁」のスサや，「寒冷紗塗り」の麻布と同様の役割である。

　塗壁外断熱の発泡ポリスチレン板は躯体下地との接着強度も強く，躯体下地と境界面で剥離することはなく，強く剥がそうとすると発泡ポリスチレン板自体が材料破壊してバラバラになる。

　発泡ポリスチレン板（16 kg/）は超軽量（800 g/1m角5 cm 厚）であり，外断熱改修工事で工事騒音が他の工法より圧倒的に少なく，居住者が居ながらにして工事ができる。

　開発初期の頃（1985 年頃）に北海道道北のオホーツク沿岸に建つ総合病院（1970 年築，鉄筋コンクリート造，外壁軽量発泡コンクリートパネル）の内外装改修工事があった。オホーツク海の潮風の塩害で外壁軽量発泡コンクリートパネルが数多くボロボロに崩れ落ちるほど損傷していた。室内も水廻りは結露・カビがひどく，誰が見ても廃屋に近い建物に見えた。一般には内外装の大改修工事となる物件だったが，ボロボロに崩れた外壁軽量発泡コンクリートパネルを部分的に不陸調整して発泡ポリスチレン板を張り上げ塗壁外断熱改修をした。室内も短期間で乾燥して結露が抑えられ，カビが剥がれ落ちた。総合病院は見事に再生した。

5.5　塗壁外断熱改修による建築長寿命化

　コンクリート（アルカリ性）は65年で中性化深さが外表面が3cm（鉄筋位置）に達して鉄筋腐食が始まり強度が弱く脆くなる。コンクリートの亀裂・雨水浸入があると20～30年で鉄筋腐食することがある。塗壁外断熱にすると鉄筋腐食が始まるのは約3倍の180年に延びる。

　塗壁外断熱は防水性に優れ，湿気（水蒸気）を吸放湿して壁体乾燥を保ち，コンクリート躯体も木造躯体も劣化，腐食腐朽が防がれる。特に基礎コンクリートの塗壁外断熱は地震対策として鉄筋腐食を抑えるために不可欠な工法である。

　1982年に築20年の室蘭工業大学工学部研究棟が「塗壁外断熱」＋「耐震補強」改修工事に着手した。わが国で初めての「塗壁外断熱」と「耐震補強」を組み合わせた大規模修繕工事であると考えられる。

　朝8時から夕方5時までスチーム暖房する建物だが，「外断熱」改修前は暖房が止まると朝方に室温が0℃近くになることもあって，ポータブルの灯油補助暖房を離せなかった。「外断熱」改修後は朝方に暖房が入っていない製図室・実験室の室温が15℃（外気温0℃）より下がることはなくなった。

　第1回大規模修繕から25年経った2007年に設備機器・配管の設備更新と大幅な間取り変更（中廊下型をホール型に改変）をする大規模修繕をした。外壁は「塗壁外断熱」の仕上げ塗りだけ初めて補修をした。屋内だけ見たらまったく新しい建物に見えた。まさに建築の再生である。

　この建物は今，55年経つ。今までなら築55年というと建て替え時期である。その建物がこれからまだ100年以上はもちそうである。今までなら2～3度建て替えたのをパスして大規模修繕を3～4度して大幅な節約をして建物が建ち続ける。

　室蘭工業大学の「塗壁外断熱」改修の成果はその後北海道大学に引き継がれた。北海道大学では築40年位の数多くの教育研究棟を「塗壁外断熱」改修＋「耐震補強」している。

　小学校の「塗壁外断熱」「耐震補強」による改修が東京都と北海道で増えて

いる。夏の直射日光の日除けを工夫すれば，冷房は要らない。冬期は建物コンクリートの蓄熱利用をすれば日中は暖房は要らない。大幅な省エネ・節電ができる。

地域のシンボルである小学校は何よりも鉄筋腐食を防いで建物を長寿命化することが「塗壁外断熱」の役割である。避難施設の拠点である小学校の体育館も「塗壁外断熱」にすることが望ましい。

「外断熱」を取り入れた保育施設，高齢者施設，病院，ホテルなどが増えている。札幌市は動物園園舎を「外断熱」しているが，動物には温熱環境向上より調湿機能（湿気吸放湿）を向上させて結露・カビ・ダニを根絶することが欠かせない。

公共施設では従来の建て替え計画を見直して「外断熱」で長寿命化する改築が普及し始めた。公共施設は150年長寿命化できると一般に50年で建て替えるとして，建て替えを2回パスできる。確実に50％以上の費用が節約できる。

外断熱が最も効果を発揮するマンションと戸建住宅は「外断熱」の普及から取り残されている。「塗壁外断熱」改修費は戸建住宅は50～60万円，マンションは25～30万円/戸（断熱厚5cm）であり，築30数年のマンションは建て替えずに「塗壁外断熱」で長寿命化するのが最良の方法である。

断熱材の発泡ポリスチレン板は組積造建築のように外壁にモールディングの装飾デザインを施すことができる。

加工メーカーで発泡ポリスチレン板を凹凸状や段状にカット・成型したピースを使った外壁の装飾デザインが普及しつつある。

塗壁外断熱は「湿式外断熱」や「透湿外断熱」と呼ばれることが多い。わが国で製造販売されている塗壁外断熱の商品名・製造メーカーを挙げておく。

アージュレックス工法　アイカ工業株式会社
http://www.aica.co.jp/products/fill-w/jolypate/industrial/08ajurekkusu/
ビオシェル　岩倉化学株式会社
http://www.iwakura-chem.co.jp/products/bioshell/index.html
アウサレーション　株式会社サンクビット
http://www.cinqvit.com/db/db_top.html

シュトーサーモクラッシック　STO ジャパン株式会社
http://www.stojapan.com/stothermclassic/
エコサーム　東邦レオ株式会社
http://www.ecopro.jp/ecotherm/index.html
パッシブウォール　野原産業エンジニアリング株式会社
http://passive.nohara-inc.co.jp/
ウッドブリース　株式会社高本コーポレーション
http://www.takamoto-kenzai.com/

　塗壁外断熱は鉄筋コンクリート造，コンクリートブロック造，石造等の外壁に施すことができる。また，防火構造の木造や鉄骨造にも防火認定をとった製品は施すことが可能である。
　図5.1～図5.6に塗壁外断熱建築の実例を示す。

5.5 塗壁外断熱改修による建築長寿命化

図 5.1 福住ファシリティー工房　新築工事（設備工事会社の事務所ビル）
シンプルな外観とし，外断熱により外壁側かべを打放コンクリートとした。
　　　構　　造　RC 造・地上 3 階建
　　　外観仕上　塗壁外断熱工法（発泡ポリスチレン 50 mm）
　　　用　　途　事務所
　　　建 設 地　札幌市豊平区福住 3 条 4 丁目 99-138
　　　設計監理　株式会社　澁谷建築研究所
　　　施　　工　岩田住宅商事株式会社
　　　外 断 熱　(株)イーエステクノ工業
　　　　　　　　野原産業エンジニアリング(株)

第5章 塗壁外断熱

図5.2 屯田すずらん保育園　新築工事
　　　外断熱のアール面がある保育園。遊戯室の一部を地下に，階段は，観覧席に。
　　　構　　造　RC造・地上2階建
　　　外観仕上　塗壁外断熱工法（発泡ポリスチレン75 mm）
　　　用　　途　保育園
　　　建 設 地　札幌市北区屯田6条4丁目2番3　他
　　　設計監理　株式会社　澁谷建築研究所
　　　施　　工　板谷土建株式会社
　　　外 断 熱　(株)イーエステクノ工業
　　　　　　　　野原産業エンジニアリング（株）

5.5 塗壁外断熱改修による建築長寿命化

図 5.3 羊ケ丘養護園　改築工事
　　　約 50 人の子供たちが生活する，個室および二人室をもつ外断熱の養護園。
　　　構　　造　RC 造・地上 2 階建
　　　外観仕上　塗壁外断熱工法（発泡ポリスチレン 75 mm）
　　　用　　途　児童福祉施設
　　　建 設 地　札幌市豊平区月寒東 1 条 17 丁目 100-5，-17
　　　設計監理　株式会社　澁谷建築研究所
　　　施　　工　日本建設株式会社　札幌支店
　　　外 断 熱　(株) イーエステクノ工業
　　　　　　　　野原産業エンジニアリング (株)

第 5 章　塗壁外断熱

図 5.4　ダイケンホーム　長久手展示場
　　　　構　　造　木造枠組（ツーバイフォー）
　　　　外観仕上　タイル張り・塗壁外張り断熱工法（EFR40 60 mm）
　　　　用　　途　モデル住宅
　　　　建 設 地　愛知県長久手市
　　　　設計監理　ダイケンホーム&サービス（株）
　　　　施　　工　ダイケンホーム&サービス（株）
　　　　外 断 熱　（株）高本コーポレーション
　　　　※外張り断熱にボーダータイルを張り付けた意欲作

図 5.5　学校法人淑徳学園　淑徳中学・高等学校校舎
　　　　構　　造　RC造
　　　　外観仕上　塗壁外断熱工法（EFR50 60 mm）
　　　　用　　途　学校
　　　　建 設 地　埼玉県さいたま市
　　　　設計監理　（株）佐藤総合計画
　　　　施　　工　鉄建建設（株）
　　　　外 断 熱　（株）高本コーポレーション
　　　　※外断熱の保温性を究極まで追求したパッシブ設計。
　　　　　曲線も美しい。

5.5 塗壁外断熱改修による建築長寿命化

図 5.6　フロール横浜山手
　　　　構　　造　RC 造
　　　　外観仕上　塗壁外断熱工法（発泡ポリスチレン 32 mm）
　　　　用　　途　集合住宅
　　　　建 設 地　横浜市中区
　　　　設計監理　（株）飯田善彦建築工房
　　　　施　　工　（株）松尾工務店
　　　　外 断 熱　（株）高本コーポレーション
　　　※「第 60 回 神奈川建築コンクール最優秀賞」を受賞。
　　　　メタリック調の外壁も美しい。

6 高機能・高性能住宅の進化と再生

6.1 合理的・経済的な高機能・高性能住宅

　わが国では全住宅流通量（新築・中古）に占める中古住宅の流通シェアは1割強に過ぎない。住宅先進国の欧米は中古住宅の流通シェアが7割〜9割である。住宅ストックが充足したら，中古住宅が流通シェアの大半を占めることが健全な住宅市場といえる。住宅の平均寿命はわが国は30年から40年であり，欧米は70年から90年である。このことが，欧米では一戸の中古住宅が何度か繰り返し売買されるのに対し，わが国では「生涯持家一軒」ということになり，住宅市場では中古住宅の流通がきわめて少ない。

　統計調査では中古住宅は「間取りが自由に選べない」ことと「新築の方が新しくて気持ちが良い」ということが中古住宅を敬遠する主要な理由に挙げられている。

　わが国で開発（国産化）されて30数年になる「塗壁外断熱」で改修することによって，平均寿命40年のマンション，30年弱の木造住宅が「耐用年限百年以上」，「結露。カビの根絶」「大幅省エネ・節電」など「新しくて気持ちが良い」新築時を超える高居住性能住宅に進化し再生されることがわかってきた。（「塗壁外断熱」改修と同時に屋根断熱や二重窓，熱交換型換気などの断熱強化が必要であり，特に基礎コンクリートの「塗壁外断熱」が耐久性向上と蓄熱効果向上のために重要である。）

中古住宅を「塗壁外断熱」改修して高性能・長寿命住宅にするには，その前に立ち塞がる「中古住宅は自由に間取りが選べない」という問題をクリアしなければならない。戦後の戸建て持ち家住宅は中廊下型だけで約9割を占めて，似かよった間取りばかりが多く中古住宅を選ぶ場合に間取りの選択の幅はきわめて狭い。その上，戦後持家住宅のほとんどの間取りが「家族プライバシーに欠ける」という不都合な条件を抱えており，中古住宅の多くは大なり小なりリフォームが必要である（2章「戦後住宅とリフォーム」参照）。

すなわち，中古住宅は「間取りが自由に選べない」というよりは「選べる良い間取りがない」という方が当たっている。

しかし，2章で見たように「家族のプライバシーを満たすリフォーム」がきわめて簡単にできる間取りも多く，リフォームを前提にするなら「選べる間取りは数多い」。

ここで2章で見た家族プライバシーを満たす間取り条件を再度挙げておく（図6.1）。

(1) 基本家族プライバシー（睡眠・入浴・排泄）を妨げない。すなわち「2階寝室・トイレと1階浴室」の行き来（階段上り下り）が玄関ホール（の来客）から見通せない。

(2) 来客時家族プライバシー（食事・だんらん/接客）を妨げない。すなわち①「食堂から1階トイレ・2階寝室」への行き来が玄関ホール（の来客）から見通せない。②「居間から食堂」，「食堂から居間」を通り抜けずに1階浴室・トイレ・2階寝室への行き来ができること。

家族プライバシーの改良リフォームは（1）「階段上り口」と「1階浴室・トイレ出入口」が玄関ホールから見通せないようにすること。（2）「居間から食堂」，「食堂から居間」を通り抜けねば行き来できない動線ルートは玄関出入動線（外出・帰宅）以外はつくらないこと，の2つがポイントである。

2章で見たように，戸建持家住宅の9割を占める中廊下型（A1型南端入り・北端入り）はほとんどが「家族プライバシーを満たさない」間取りであるが，階段上り口やトイレ出入り口などのほんの少しのリフォームで「家族プライバシーを満たす」間取りに改良できる。

図6.1のA1型玄関ホール型北中央入り（戸建持家住宅の2～3%を占める）

6.1 合理的・経済的な高機能・高性能住宅

は食堂が玄関ホールに直接つながるので親しい客は食堂でも接客しやすい（これはA1型玄関ホール型とB2型のみ）。和室・居間・食堂の3室とも接客でき，居間・食堂は家族室・接客室に兼用できる。

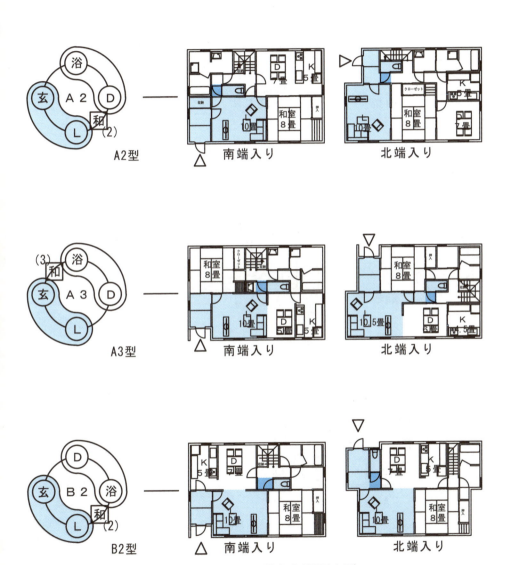

図6.1(1) 主要な間取り構成（1階間取り図）

第6章 高機能・高性能住宅の進化と再生

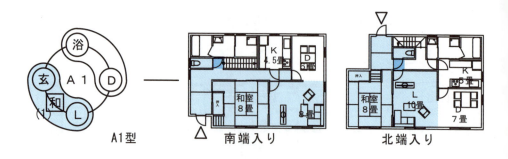

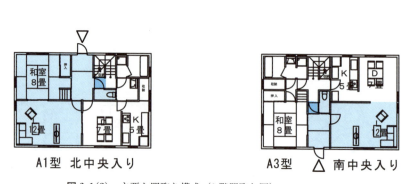

図6.1(2)　主要な間取り構成（1階間取り図）

図6.1のA3型玄関ホール型南中央入り（戸建持家住宅の2～3%を占める）は公（客）・私（家族）領域の境界に「和室」があり，この「和室」はまた「居間」・「食堂」とも離れていて，老人同居や介護室に向く「和室」である。

　図6.1のA1型，A3型玄関ホール型の中古住宅は「家族プライバシーを満たす」間取りリフォームをして残す価値のある住宅である。

　図6.1のA4型南・北端入りは「和室」が「食堂・洗面浴室」と同じ私（家族）領域内にあり，「和室」来客時に客のトイレの行き来は家族の「食堂からトイレ・寝室」への行き来と交錯する。ただし，特別な来客以外は「居間」で接客して，「和室」は家族（準）専用室（家族寝室・趣味仕事室）にするなら支障のない間取り型である。A4型は戦後の戸建持家住宅にもごく少数だが見られる。

　中廊下型（A1型）の「家族プライバシーを満たす」改良型リフォームは2章で詳述したが，戸建持家住宅の9割以上を占める中廊下型（A1型）の和室・居間・食堂の室配列を組み替えた超改良型間取り（図6.1のA2・A3・B3型）へのリフォームの必要性が高まっている。

　戦前住宅の間取り型を引き継いだ中廊下型（A1型）の和室・居間・食堂の室配列は戦後の変化する住様式（住まい方）に適応し難くなっている。

　和室・居間・食堂の3室とも家族用と客用を兼用して多用途にフレキシブルに使われる居室になってきている中で，中廊下型（A1型）の「和室」は，「居間・玄関ホール」と同じ公（客）領域内にあり，「居間」で接客中に家族が「和室」を使うと，来客の「トイレ」への行き来と家族の「和室」への行き来が交錯するので，「和室」接客時だけでなく「居間」接客時も「和室」の家族利用（家族寝室・趣味仕事室）は制約される。

　一方，図6.1のA2・A3・B2型南端入り・北端入りの「和室」は公（客）領域「居間・玄関ホール」と私（家族）領域「食堂・台所・洗面洗濯浴室」の境界に配置され，「居間」からも「食堂」からも「和室」へ行き来する時には客動線と家族動線は交錯することがない。

　中古住宅の中廊下型（A1型）にはA2・A3・B2型にリフォーム可能な住宅は少なからずある。築30年以上建っていて設備機器・配管も含めた改修が必要な中廊下型（A1型）の住宅を「A2・A3・B2型」の「塗壁外断熱」住宅に

リフォームすれば多くの人々に受け入れられ，居室が多用途でフレキシブルな住まい方ができ，何度か繰り返し売買される建物価値があまり下がらない高機能・高性能住宅に再生できる。

住宅はやっと"戦後"を払しょくする時代を迎えた。

今，新しい間取り構成が求められている。

(1) 台所から見通せる乳幼児の広い屋内遊びスペース（和室・居間・食堂）
(2) 子供の読書・学習スペースを家族集まり場所と接客場所に組み入れた室構成
(3) 離れて見通せない家族集まり場所と接客場所/とじこもり・外界拒絶症候群にも配慮
(4) 家族・被介護者・介護者の居住ストレスを緩和する介護室配置

(1)～(4)のすべての条件を満たす間取り型はA2・A3・B2型南端入り・北端入りである。付録の進化する間取り「公（客）・私（家族）領域分化型」プラン集で間取りを見比べて読み込んで室配置の特徴を把握してほしい。（なお，図6.1のA1型北中央入りとB1型・B2型南端入り・北端入りは3章に示した間取り図以外はつくり難く，間取りバリエーションが乏しいので付録間取りプラン集には載せていない）。

6.2 伝統住宅も在来住宅も進化・再生する

わが国の木造伝統住宅を常に改良進化させづけた棟梁がいた。「平成の茶室」と呼ばれる金閣寺の茶室「定足亭」を新たに創った数寄屋建築の名匠故木下孝一棟梁は，建築の基礎には鉄筋コンクリートではなく花崗岩を使い，屋根材には最も腐食しない超軽量チタニウム屋根を開発し，壁は北海道の建物では土壁の外側に発泡ポリスチレンボード（30＋30 mm）の外断熱にして，漆喰と焼き杉板で仕上げた。

柱・梁材は自ら山林で選別伐採して乾燥養生して使う。木造伝統住宅を500年持たせるにはどうするかいつも考えて工夫をされていた。木造の柱・梁を太く重くして花崗岩の基礎の上にただ置くだけで，土台にボルトで緊結させていない。阪神大震災では木下棟梁が手掛けた神戸の数寄屋建築が基礎に入れた墨

入れの線から土台はずれていなかった（土台がずれて動いてもほぼ元の位置に戻った）。茶室のある住宅の主屋は田ノ字型（B2型）の間取りに中廊下を組み入れた，広さ感とプライバシーが絶妙で品格ある高機能な間取り型を創り出している。木造伝統住宅を木下棟梁は常に改良し進化させ続けた。それに比べて，在来木造住宅や一般のコンクリート造・鉄骨造建築は，本物の改良進化が少なくむしろ退化しているといってよい。

壁は建材ボードや金属板を貼り，防水性能はボード目地の充填剤に頼るので耐久性は短く，充填剤が硬化してひび割れると雨水浸入につきまとわれる。

コンクリート壁のタイル仕上げは補修後に瑕疵保証ができないほどに剥落の危険がある。塗壁外断熱以外の内断熱・外断熱工法でとる壁仕上げ材と躯体との間の通気層（湿気吸湿放湿層）は火災時には煙道（火炎道）となって火炎の勢いを増す装置になりかねない。塗壁外断熱は壁仕上材（塗壁外断熱）と躯体は密着していて通気層はない。

防水層を敷設したコンクリートの屋根は温度収縮膨張で屋根や壁（特に長手の妻壁）に亀裂が入りやすく雨水が浸入しやすい。

戦前の「田の字型」・「中廊下型」間取り構成や「土壁造り」から見て戦後住宅は建築機能的・性能的に退化しているといってよい。

建築の間取り機能をより高めて，さらに改良した外断熱（躯体被覆・保護）工法を開発して，より高機能・高性能建築への進化再生を図ることが常に求め続けられねばならない。

付録　間取りプラン集

　付録に掲げた進化する間取りプランは家族プライバシー（睡眠・入浴・排泄・家族食事・集まりと接客）を守ることを目的に，特別の動線・室配置条件を基に作成した公（客）・私（家族）領域分化型間取りである。

　ここに収録した 138 プランよりさらに多くを活用する場合は著者のホームページ（URL；https://hachimaru.sakura.ne.jp/）を参照されたい。

　公・私領域分化型と公・私領域混在型の比較を**付図 1**，**付図 2** に示した。

　間取りの構成条件と動線・室配置条件は次のように考える。

公（客）・私（家族）領域分化型の公私領域構成条件：

— 公（客）領域は居間（主接客室）・玄関・トイレ*1・和室*2 と通路から成る。客も立ち入る領域，表・開放・晴れの空間である。

— 私（家族）領域は食堂（主家族室）・台所・洗面洗濯・浴室・トイレ*1・和室*2 と 2 階寝室・家族トイレと通路・階段から成る。純家族領域，奥・隔離・褻（け）の空間である。

*1：1 階トイレは家族・客兼用。公・私領域の境界にあり，公・私両領域に属する。

*2：1 階和室も家族・客兼用。公領域と私領域の一方に属する型（A1・A4・B1・B4）と公・私領域の両方に属する型（A2・A3・B2・A3 型）がある。

公（客）・私（家族）領域分化型の動線・室配置条件：

— 基本家族プライバシー（睡眠・入浴・排泄）を守る。

　家族動線「2階寝室・トイレ-1階浴室」は客動線「居間-トイレ・玄関」と交わらない。すなわち，1階浴室出入りと階段上り下りは玄関・来客通路・居間から見通せない。

— 来客時家族プライバシー（家族食事・集まり/接客）を守る。

　家族動線「食堂（主家族室）-1階トイレ・2階寝室」は客動線「居間-トイレ・玄関」と交わらない。すなわち，「1階トイレ出入り」と「階段上り下り」は玄関・来客通路・居間から見通せない。

　また，家族動線は居間（主接客室）を，客動線は食堂（主家族室）を通り抜けない。

　ただし，トイレ出入り口を視線遮断できればトイレ出入りを見通せないとする。また，家族の外出・帰宅時動線は居間を通り抜けてもよい。

　家族プライバシーが守られた公（客）・私（家族）領域分化型の間取りは，日常的にも来客時にも家族の居住ストレスを緩らげ，家族生活に「快適さと安らぎ」をもたらす住まいの核心である。

付録　間取りプラン集

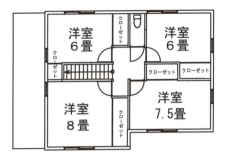

公私領域分化型（改良型）：家族プライバシーが守られる。

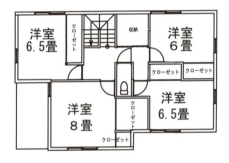

公私領域混在型（従来型）

・基本家族プライバシーが守られない。
　2階浴室から1階浴室へ行き来するとき，1階浴室出入りと階段上り下りが玄関や来客通路から見通せる。
・来客時家族プライバシーが守られない。
　食堂から1階トイレ・2階寝室へ行き来するとき，居間を通り抜ける。またトイレ出入りと階段上り下りが玄関や来客通路から見通せる。

付図1　公私領域の分化型（改良型）と混在型（従来型）の比較
　　　A1型（中廊下型・南端入り）

付録　間取りプラン集

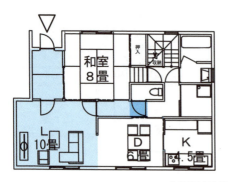
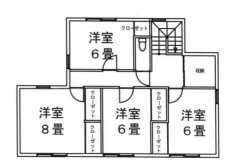

公私領域分化型（超改良型）
家族プライバシーが守られる。

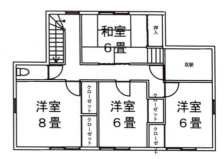

公私領域混在型①

・基本家族プライバシーが守られない。
　2階寝室から1階浴室へ行き来するとき，1階浴室出入りと階段上り下りが来客トイレ通路から見通せる。
・来客時プライバシーが守られない。
　食堂から1階トイレ・2階寝室へ行き来するとき，トイレ出入りと階段上り下りが来客トイレ通路から見通せる。また，居間からトイレへの行き来するとき，食堂を通り抜ける。

付図2(1)　公私領域分化型（超改良型）と混在型（従来型）の比較
　　　　　A3型（田ノ字型・北端入り）

付録　間取りプラン集

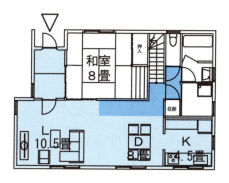
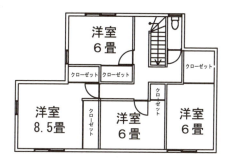

公私領域混在型②

・基本プライバシーが守られない。
　2階寝室から1階浴室を行き来するとき，居間を通り抜ける。
　また，階段上り下りが玄関や来客道路から見通せる。
・来客時プライバシーが守られない。
　食堂から1階トイレ・2階寝室へ行き来するとき，玄関・来客通路
　居間から見通せる。

付図2(2)　公私領域「分化型（超改良型）」と「混在型（従来型）」の比較
　　　　　A3型（田ノ字型・北端入り）

付録　間取りプラン集

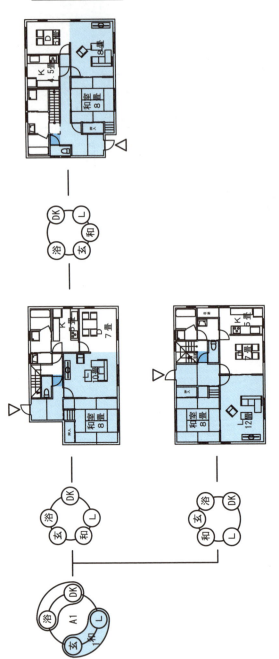

付図 3(1)　公（客）・私（家族）領域分化型の円環パターン・基本型

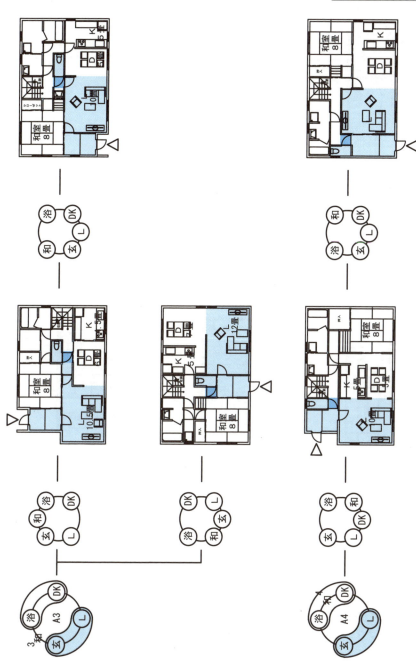

付図 3(2) 公（客）・私（家族）領域分化型の円環パターン・基本型

付録　間取りプラン集

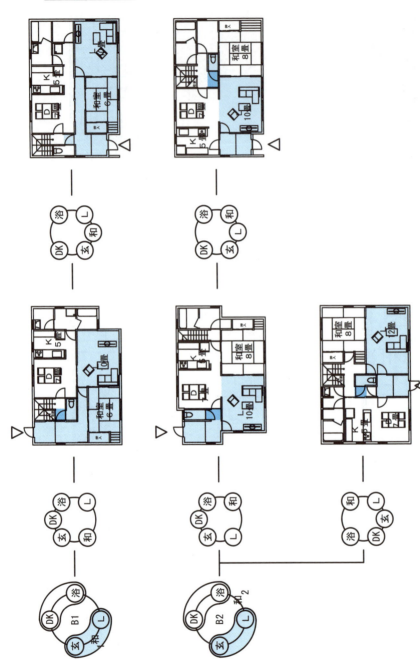

付図3(3)　公（客）・私（家族）領域分化型の円環パターン・基本型
B1型とB2型は図示した間口6間奥行4間の間取り以外は、良い間取りがつくり難いので、プラン集には載せていない。

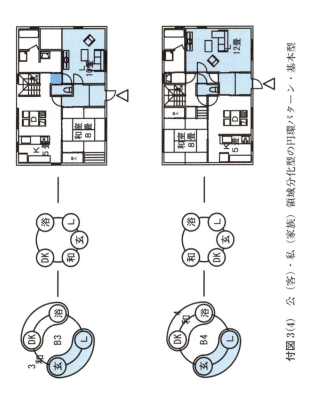

付図3(4) 公（客）・私（家族）領域分化型の円環パターン・基本型

付録　間取りプラン集

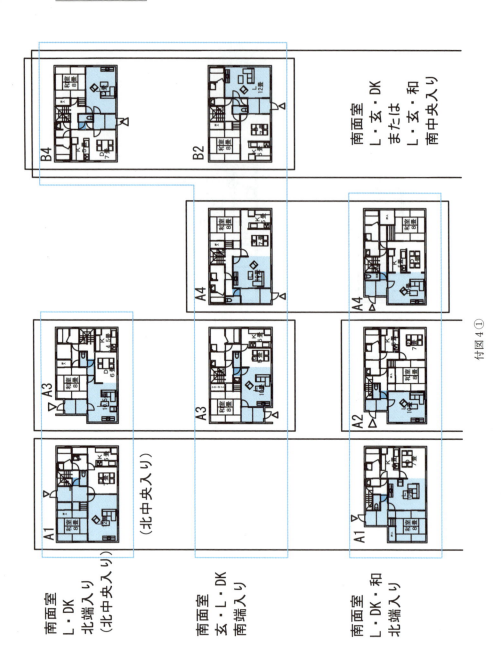

付図4①

付録　間取りプラン集

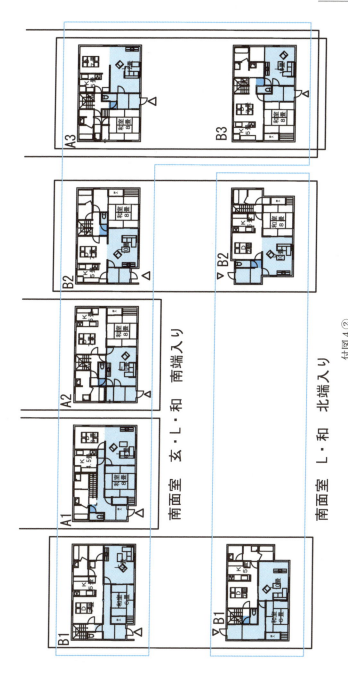

付図4　公（客）・私（家族）領域分化型の室配置類型
付図4②

付録 間取りプラン集

住宅の諸元:

付録(ホームプラン集)の住宅諸元(玄関方位・部屋数・間口奥行き・所要室面積・延床面積・本体価格(延床延換算))は次のように設定した。
なお,掲げた間取りは囲み枠☐のものを扱った。

[玄関方位]

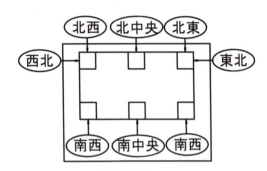

南端入り/ 南西入り ・南東入り
北端入り/ 北西入り ・北東入り
　　　　西北入り ・東北入り
南中央入り
北中央入り

[部屋数 (n室 nLDK)]

3室(3LDK), 4室(4LDK) , 5室(5LDK) , 6室以上(6LDK以上)

付録　間取りプラン集

[間口 × 奥行]

5間×3.5間 (9.1 m×6.3 m)	5.5間×3.5間 (10.0 m×6.3 m)	6間×3.5間 (10.8 m×6.3 m)	6.5間×3.5間 (11.7 m×6.3 m)
5間×4間 (9.1 m×7.2 m)	5.5間×4間 (10.0 m×7.2 m)	6間×4間 (10.8 m×7.2 m)	6.5間×4間 (11.7 m×7.2 m)
5間×4.5間 (9.1 m×8.1 m)	5.5間×4.5間 (10.0 m×8.1 m)	6間×4.5間 (10.8 m×8.1 m)	6.5間×4.5間 (11.7 m×8.1 m)

[延床面積（本体価格）]　本体価格は40万円/坪で面積換算

30〜32.5坪 (1,200〜1,300万円)	32.5〜35坪 (1,300〜1,400万円)	35〜37.5坪 (1,400〜1,500万円)
37.5〜40坪 (1,500〜1,600万円)	40〜42.5坪 (1,600〜1,700万円)	42.5〜45坪 (1,700〜1,800万円)
45〜47.5坪 (1,800〜1,900万円)	47.5〜50坪 (1,900〜2,000万円)	50〜52.5坪 (2,000〜2,100万円)

[所要室面積（最も多い面積）]

	5間× 3.5間	5間× 4間(4.5間)	5間× 3.5間	5.5間× 4間(4.5間)	6間× 3.5間	6間× 4間
居間	8, 10畳	8, 10畳	8, 10畳	8, 10畳	10畳	10, 12畳
D+K	4.5+4.5畳	5+5畳	4.5+4.5畳	5+5畳	5+5畳	7+5畳
D	8, 7.5畳	8畳	8畳	10畳	10畳	-
和室	4.5, 6畳	6畳	6畳	6, 8畳	6, 8畳	8畳
主寝室	8, 10畳	8, 10畳	8, 10畳	8, 10畳	10, 8畳	10, 12畳
副寝室	6, 8畳	8, 6畳	8, 6畳	8, 6畳	8, 6畳	8畳

付録　間取りプラン集

間取り図の色分け：

色のない部分：私領域（家族が占有できる領域）

薄いブルーの部分 ▢ ：公領域（お客が必ず立ち入る領域）

濃いブルーの部分 ▢ ：公私混在領域

間取りプラン集一覧

プランNo.	玄関の向き	部屋数	住宅本体価格
1〜4	北西	4LDK	1300−1400
5〜15	北西	4LDK	1400−1500
16〜20	北西	4LDK	1500−1600
21〜25	北西	4LDK	1600−1700
26〜28	北西	4LDK	1700−1800
29〜34	北西	5LDK	1500−1600
35〜43	北西	5LDK	1600−1700
44〜45	北西	5LDK	1700−1800
46〜47	北西	5LDK	1800−1900
48〜58	南中	4LDK	1400−1500
59〜64	南中	4LDK	1500−1600
65〜72	南中	4LDK	1600−1700
73〜74	南中	4LDK	1800−1900
75〜78	南中	5LDK	1400−1500
79〜82	南中	5LDK	1500−1600
83〜86	南中	5LDK	1600−1700
87〜89	南中	5LDK	1800−1900
90	南中	5LDK	1900−2000
91〜92	南西	4LDK	1300−1400
93〜98	南西	4LDK	1400−1500
99〜108	南西	4LDK	1500−1600
109〜112	南西	4LDK	1600−1700
113〜114	南西	4LDK	1700−1800
115〜119	南西	5LDK	1400−1500
120〜125	南西	5LDK	1500−1600
126〜134	南西	5LDK	1600−1700
135〜138	南西	5LDK	1800−1900

[プラン1]　北西向き　延べ床面積34坪(112.62 m²)　間口奥行 5.0×3.5 間　金額1360万円

[プラン2]　北西向き　延べ床面積34坪(112.62 m²)　間口奥行 5.0×3.5 間　金額1360万円

[プラン3]　北西向き　延べ床面積33.5坪(110.97 m²)　間口奥行 5.0×3.5 間　金額1340万円

[プラン4]　北西向き　延べ床面積34坪(115.93 m²)　間口奥行5.0×3.5間　金額1360万円

1階(17.5坪　57.97 m²)　　　　2階(16.5坪　54.65 m²)

[プラン5]　北西向き　延べ床面積37坪(122.56 m²)　間口奥行6.0×3.5間　金額1480万円

1階(21坪　69.59 m²)　　　　2階(16坪　53.00 m²)

[プラン6]　北西向き　延べ床面積35坪(115.93 m²)　間口奥行5.5×4.0間　金額1400万円

1階(21坪　69.56 m²)　　　　2階(14坪　46.37 m²)

[プラン7]　北西向き　延べ床面積36.25坪(120.7㎡)　間口奥行5.5×4.0間　金額1450万円

1階 (21坪　69.56㎡)

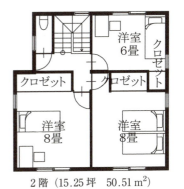

2階 (15.25坪　50.51㎡)

[プラン8]　北西向き　延べ床面積36.25坪(120.07㎡)　間口奥行5.5×4.0間　金額1450万円

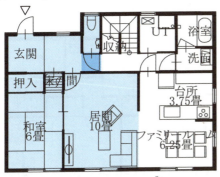

1階 (21坪　69.59㎡)

2階 (15.25坪　50.51㎡)

[プラン9]　北西向き　延べ床面積37坪(122.56㎡)　間口奥行5.5×3.5間　金額1480万円

1階 (19.25坪　63.76㎡)

2階 (17.75坪　58.8㎡)

[プラン10]　北西向き　延べ床面積37坪(122.56 m²)　間口奥行5.5×3.5間　金額1480万円

1階（19.25坪　63.76 m²）

2階（17.75坪　58.8 m²）

[プラン11]　北西向き　延べ床面積37坪(122.56 m²)　間口奥行5.5×3.5間　金額1480万円

1階（19.25坪　63.76 m²）

2階（17.75坪　58.8 m²）

[プラン12]　北西向き　延べ床面積37坪(122.56 m²)　間口奥行5.5×3.5間　金額1480万円

1階（19.25坪　63.76 m²）

2階（17.75坪　58.8 m²）

[プラン13]　北西向き　延べ床面積35坪(115.93 m^2)　間口奥行 5.0×4.0間　金額1400万円

1階（20坪　66.25 m^2）　　　　2階（15坪　49.69 m^2）

[プラン14]　北西向き　延べ床面積37坪(122.56 m^2)　間口奥行 5.0×4.0間　金額1480万円

1階（19.25坪　63.76 m^2）　　　　2階（17.75坪　58.8 m^2）

[プラン15]　北西向き　延べ床面積37坪(122.56 m^2)　間口奥行 5.0×4.0間　金額1480万円

1階（19.25坪　63.76 m^2）　　　　2階（17.75坪　58.8 m^2）

[プラン16]　北西向き　延べ床面積38.5坪(127.53 m²)　間口奥行 6.0×3.5間　金額1540万円

1階 (21坪　69.59 m²)

2階 (17.5坪　57.97 m²)

[プラン17]　北西向き　延べ床面積39.5坪(130.84 m²)　間口奥行 6.0×3.5間　金額1580万円

1階 (21坪　69.56 m²)

2階 (18.5坪　61.28 m²)

[プラン18]　北西向き　延べ床面積39.5坪(130.84 m²)　間口奥行 6.0×3.5間　金額1580万円

1階 (21坪　69.56 m²)

2階 (18.5坪　61.28 m²)

[プラン19]　北西向き　延べ床面積39坪(129.18 m²)　間口奥行 5.5×4.0間　金額 1560万円

[プラン20]　北西向き　延べ床面積37.75坪(130.84 m²)　間口奥行 5.0×4.0間　金額 1510万円

[プラン21]　北西向き　延べ床面積42坪(139.12 m²)　間口奥行 6.0×4.0間　金額 1680万円

[プラン22]　北西向き　延べ床面積40坪(132.5 m²)　間口奥行5.0×4.5間　金額1600万円

1階（22.5坪　74.53 m²）　　　　2階（17.5坪　57.97 m²）

[プラン23]　北西向き　延べ床面積40.5坪(134.15 m²)　間口奥行5.0×4.5間　金額1620万円

1階（21坪　72.04 m²）　　　　2階（19.5坪　64.59 m²）

[プラン24]　北西向き　延べ床面積42坪(139.12 m²)　間口奥行5.0×4.5間　金額1680万円

1階（21.75坪　72.04 m²）　　　　2階（20.25坪　67.08 m²）

[プラン25] 北西向き 延べ床面積42坪(139.12 m²) 間口奥行 5.0×4.5間 金額1680万円

[プラン26] 北西向き 延べ床面積42.5坪(139.12 m²) 間口奥行 6.0×4.0間 金額1700万円

[プラン27] 北西向き 延べ床面積43坪(142.44 m²) 間口奥行 6.0×4.0間 金額1720万円

[プラン28]　北西向き　延べ床面積43坪(142.44 m²)　間口奥行 6.0×4.0 間　金額1720万円

1階 (23坪　76.19 m²)

2階 (20坪　66.25 m²)

[プラン29]　北西向き　延べ床面積38.5坪(127.53 m²)　間口奥行 5.5×3.5 間　金額1540万円

1階 (19.25坪　63.76 m²)

2階 (19.25坪　63.76 m²)

[プラン30]　北西向き　延べ床面積38.5坪(127.53 m²)　間口奥行 5.5×3.5 間　金額1540万円

1階 (19.25坪　63.76 m²)

2階 (19.25坪　63.76 m²)

[プラン31]　北西向き　延べ床面積38.5坪(127.53 m²)　間口奥行5.5×3.5間　金額1540万円

1階（19.25坪　63.76 m²）

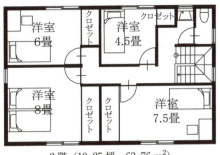
2階（19.25坪　63.76 m²）

[プラン32]　北西向き　延べ床面積38.5坪(127.53 m²)　間口奥行5.5×3.5間　金額1540万円

1階（19.25坪　63.76 m²）

2階（19.25坪　63.76 m²）

[プラン33]　北西向き　延べ床面積39.25坪(130.01 m²)　間口奥行5.0×4.0間　金額1570万円

1階（19.25坪　63.76 m²）

2階（20坪　66.25 m²）

[プラン34]　北西向き　延べ床面積39.25坪(130.01 m²)　間口奥行5.0×4.0間　金額1570万円

1階（19.25坪　63.76 m²）

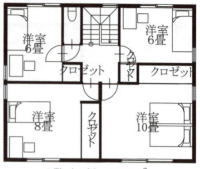
2階（20坪　66.25 m²）

[プラン35]　北西向き　延べ床面積42坪(139.12 m²)　間口奥行5.5×4.0間　金額1680万円

1階（22坪　72.87 m²）

2階（20坪　66.25 m²）

[プラン36]　北西向き　延べ床面積42坪(139.12 m²)　間口奥行6.0×3.5間　金額1680万円

1階（21坪　69.56 m²）

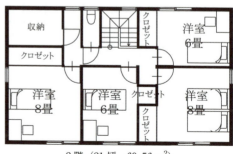
2階（21坪　69.56 m²）

[プラン37]　北西向き　延べ床面積42坪(139.12 m²)　間口奥行 6.0×3.5間　金額1680万円

1階（21坪　69.56 m²）

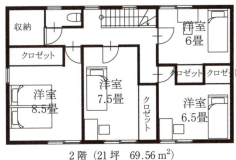
2階（21坪　69.56 m²）

[プラン38]　北西向き　延べ床面積42坪(139.12 m²)　間口奥行 6.0×3.5間　金額1680万円

1階（21坪　69.56 m²）

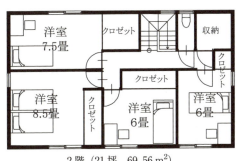
2階（21坪　69.56 m²）

[プラン39]　北西向き　延べ床面積42坪(139.12 m²)　間口奥行 6.0×3.5間　金額1680万円

1階（21坪　69.56 m²）

2階（21坪　69.56 m²）

[プラン40]　北西向き　延べ床面積41.25坪(136.62㎡)　間口奥行5.0×4.5間　金額1650万円

1階 (21.75坪　72.04㎡)　　　　2階 (19.5坪　64.58㎡)

[プラン41]　北西向き　延べ床面積41.25坪(136.62㎡)　間口奥行5.0×4.5間　金額1650万円

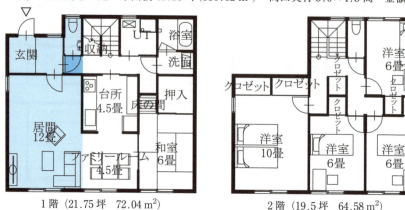

1階 (21.75坪　72.04㎡)　　　　2階 (19.5坪　64.58㎡)

[プラン42]　北西向き　延べ床面積40坪(132.5㎡)　間口奥行5.0×4.0間　金額1600万円

1階 (20坪　66.25㎡)　　　　2階 (20坪　66.25㎡)

[プラン43]　北西向き　延べ床面積40坪(132.5 m²)　間口奥行 5.0×4.0 間　金額1600万円

[プラン44]　北西向き　延べ床面積44坪(145.75 m²)　間口奥行 6.0×4.0 間　金額1760万円

[プラン45]　北西向き　延べ床面積44坪(145.75 m²)　間口奥行 6.0×4.0 間　金額1760万円

[プラン46]　北西向き　延べ床面積 45 坪（149.07 m²）　間口奥行 6.0×4.0 間　金額 1800 万円

[プラン47]　北西向き　延べ床面積 45 坪（149.07 m²）　間口奥行 6.0×4.0 間　金額 1800 万円

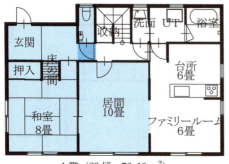

[プラン48]　南中向き　延べ床面積 35 坪（115.93 m²）　間口奥行 6.0×3.5 間　金額 1400 万円

[プラン49]　南中向き　延べ床面積35坪（115.93 m²）　間口奥行6.0×3.5間　金額1400万円

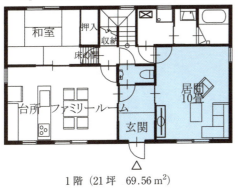

1階（21坪　69.56 m²）　　　　　　　　2階（14坪　46.37 m²）

[プラン50]　南中向き　延べ床面積35.75坪（118.42 m²）　間口奥行6.0×3.5間　金額1430万円

1階（21坪　69.56 m²）　　　　　　　　2階（14.75坪　48.86 m²）

[プラン51]　南中向き　延べ床面積36坪（119.25 m²）　間口奥行5.5×4.0間　金額1440万円

1階（22坪　72.87 m²）　　　　　　　　2階（14坪　46.37 m²）

[プラン52] 南中向き　延べ床面積36坪(119.25 m^2)　間口奥行 5.5×4.0間　金額1440万円

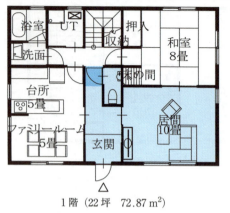

1階（22坪　72.87 m^2）　　　　　　　　　　　2階（14坪　46.37 m^2）

[プラン53] 南中向き　延べ床面積36坪(119.25 m^2)　間口奥行 5.5×4.0間　金額1440万円

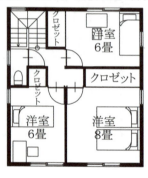

1階（22坪　72.87 m^2）　　　　　　　　　　　2階（14坪　46.37 m^2）

[プラン54] 南中向き　延べ床面積35坪(115.93 m^2)　間口奥行 5.0×3.5間　金額1400万円

1階（17.5坪　57.97 m^2）　　　　　　　　　　2階（17.5坪　57.97 m^2）

[プラン55]　南中向き　延べ床面積35坪(115.93 m^2)　間口奥行 5.0×3.5間　金額 1400万円

1階 (17.5坪　57.97 m^2)　　　　　2階 (17.5坪　57.97 m^2)

[プラン56]　南中向き　延べ床面積35坪(115.93 m^2)　間口奥行 5.0×3.5間　金額 1400万円

1階 (17.5坪　57.97 m^2)　　　　　2階 (17.5坪　57.97 m^2)

[プラン57]　南中向き　延べ床面積35坪(115.93 m^2)　間口奥行 5.0×3.5間　金額 1400万円

1階 (17.5坪　57.97 m^2)　　　　　2階 (17.5坪　57.97 m^2)

[プラン58]　南中向き　延べ床面積35坪（115.93 m²）　間口奥行6.0×3.5間　金額1400万円

1階（21坪　69.56 m²）　　　　　　　　　　2階（14坪　46.37 m²）

[プラン59]　南中向き　延べ床面積39坪（129.18 m²）　間口奥行5.5×4.5間　金額1560万円

1階（23.75坪　78.67 m²）　　　　　　　　2階（15.25坪　50.51 m²）

[プラン60]　南中向き　延べ床面積38坪（125.87 m²）　間口奥行5.5×4.0間　金額1520万円

 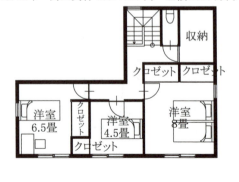

1階（22坪　72.87 m²）　　　　　　　　　　2階（16坪　53 m²）

[プラン61]　南中向き　延べ床面積38.5坪（127.53 m²）　間口奥行5.5×3.5間　金額1540万円

1階（19.25坪　63.76 m²）

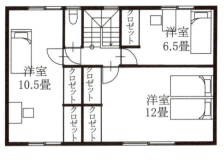
2階（19.25坪　63.76 m²）

[プラン62]　南中向き　延べ床面積38.5坪（127.53 m²）　間口奥行5.5×3.5間　金額1540万円

1階（19.25坪　63.76 m²）

2階（19.25坪　63.76 m²）

[プラン63]　南中向き　延べ床面積38.5坪（127.53 m²）　間口奥行5.5×3.5間　金額1540万円

1階（19.25坪　63.76 m²）

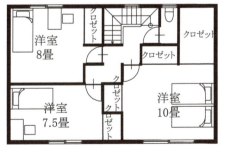
2階（19.25坪　63.76 m²）

[プラン64]　南中向き　延べ床面積38.5坪（127.53 m²）　間口奥行5.5×3.5間　金額1540万円

1階（19.25坪　63.76 m²）

2階（19.25坪　63.76 m²）

[プラン65]　南中向き　延べ床面積40坪（132.5 m²）　間口奥行6.0×4.0間　金額1600万円

1階（24坪　79.5 m²）

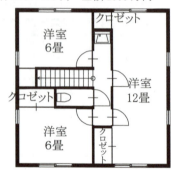

2階（16坪　53 m²）

[プラン66]　南中向き　延べ床面積42坪（139.12 m²）　間口奥行6.0×4.0間　金額1680万円

1階（24坪　79.5 m²）

2階（18坪　59.62 m²）

[プラン67]　南中向き　延べ床面積40坪（132.5 m²）　間口奥行5.5×4.5間　金額1600万円

 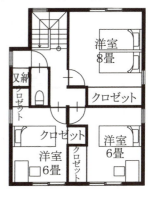

1階（24.75坪　81.98 m²）　　　　　　　　　　　2階（15.25坪　50.51 m²）

[プラン68]　南中向き　延べ床面積40.5坪（134.15 m²）　間口奥行5.5×4.5間　金額1620万円

 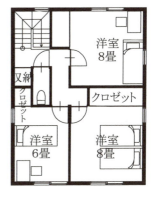

1階（24.75坪　81.98 m²）　　　　　　　　　　　2階（15.75坪　52.17 m²）

[プラン69]　南中向き　延べ床面積41.5坪（137.46 m²）　間口奥行5.5×4.5間　金額1660万円

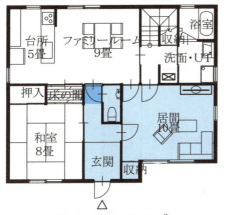 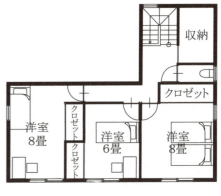

1階（23.75坪　78.67 m²）　　　　　　　　　　　2階（17.75坪　58.8 m²）

[プラン70]　南中向き　延べ床面積41坪（135.81 m²）　間口奥行 5.0×4.5間　金額1640万円

1階（22.5坪　74.53 m²）　　　　　2階（18.5坪　61.28 m²）

[プラン71]　南中向き　延べ床面積42坪（139.12 m²）　間口奥行 5.0×4.5間　金額1680万円

1階（22.5坪　74.53 m²）　　　　　2階（19.5坪　64.59 m²）

[プラン72]　南中向き　延べ床面積42坪（139.12 m²）　間口奥行 5.0×4.5間　金額1680万円

1階（22.5坪　74.53 m²）　　　　　2階（19.5坪　64.59 m²）

[プラン73]　南中向き　延べ床面積46坪（152.38 m²）　間口奥行 6.0×4.0間　金額1840万円

[プラン74]　南中向き　延べ床面積47坪（155.69 m²）　間口奥行 6.0×4.0間　金額1880万円

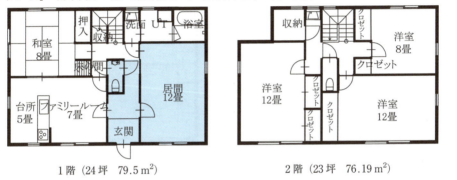

[プラン75]　南中向き　延べ床面積35坪（115.93 m²）　間口奥行 5.0×3.5間　金額1400万円

[プラン76]　南中向き　延べ床面積35坪（115.93 m²）　間口奥行 5.0×3.5間　金額1400万円

1階（17.5坪　57.97 m²）　　　　　　2階（17.5坪　57.97 m²）

[プラン77]　南中向き　延べ床面積35坪（115.93 m²）　間口奥行 5.0×3.5間　金額1400万円

 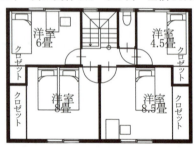

1階（17.5坪　57.97 m²）　　　　　　2階（17.5坪　57.97 m²）

[プラン78]　南中向き　延べ床面積35坪（115.93 m²）　間口奥行 5.0×3.5間　金額1400万円

1階（17.5坪　57.97 m²）　　　　　　2階（17.5坪　57.97 m²）

[プラン79]　南中向き　延べ床面積38.5坪（127.53 m²）　間口奥行 5.5×3.5間　金額1540万円

[プラン80]　南中向き　延べ床面積38.5坪（127.53 m²）　間口奥行 5.5×3.5間　金額1540万円

[プラン81]　南中向き　延べ床面積38.5坪（127.53 m²）　間口奥行 5.5×3.5間　金額1540万円

[プラン82]　　南中向き　　延べ床面積38.5坪（127.53 m²）　　間口奥行5.5×3.5間　　金額1540万円

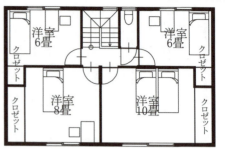

1階（19.25坪　63.76 m²）

2階（19.25坪　63.76 m²）

[プラン83]　　南中向き　　延べ床面積42坪（139.12 m²）　　間口奥行6.0×3.5間　　金額1680万円

1階（21坪　69.56 m²）

2階（21坪　69.56 m²）

[プラン84]　　南中向き　　延べ床面積42坪（139.12 m²）　　間口奥行6.0×3.5間　　金額1680万円

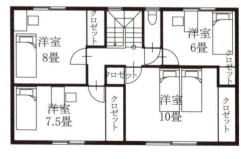

1階（21坪　69.56 m²）

2階（21坪　69.56 m²）

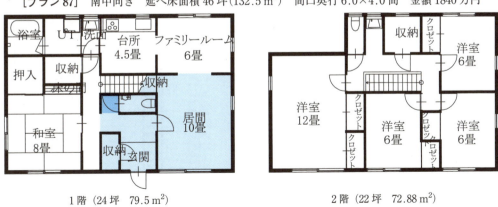

[プラン88]　南中向き　延べ床面積45坪（149.07 m²）　間口奥行 6.0×4.0間　金額1800万円

1階（24坪　79.5 m²）　　　　　　　　2階（21坪　69.56 m²）

[プラン89]　南中向き　延べ床面積47坪（155.69 m²）　間口奥行 6.0×4.0間　金額1880万円

1階（24坪　79.5 m²）　　　　　　　　2階（23坪　76.19 m²）

[プラン90]　南中向き　延べ床面積48坪（159.01 m²）　間口奥行 6.0×4.0間　金額1920万円

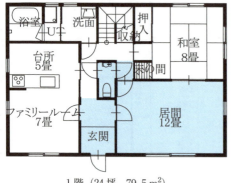

1階（24坪　79.5 m²）　　　　　　　　2階（24坪　79.5 m²）

[プラン91]　南西向き　延べ床面積34.5坪（114.28 m²）　間口奥行5.0×4.0間　金額1380万円

1階（20坪　66.25 m²）　　　　　　　　　2階（14.5坪　48.03 m²）

[プラン92]　南西向き　延べ床面積34.5坪（114.28 m²）　間口奥行5.5×3.5間　金額1380万円

1階（18.75坪　62.11 m²）　　　　　　　　2階（15.75坪　52.17 m²）

[プラン93]　南西向き　延べ床面積35坪（115.93 m²）　間口奥行5.5×3.5間　金額1400万円

1階（19.25坪　63.76 m²）　　　　　　　　2階（15.75坪　52.17 m²）

[プラン94]　南西向き　延べ床面積35.5坪（117.59 m²）　間口奥行5.5×3.5間　金額1420万円

1階（19.25坪　63.76 m²）　　　　　　　　　2階（16.25坪　52.17 m²）

[プラン95]　南西向き　延べ床面積35坪（115.93 m²）　間口奥行5.5×3.5間　金額1400万円

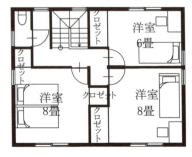

1階（19.25坪　63.76 m²）　　　　　　　　　2階（15.75坪　52.17 m²）

[プラン96]　南西向き　延べ床面積35.25坪（116.76 m²）　間口奥行5.0×4.0間　金額1410万円

1階（20坪　66.25 m²）　　　　　　　　　　2階（15.25坪　50.51 m²）

[プラン97]　南西向き　延べ床面積35.25坪(116.76 m²)　間口奥行 5.0×4.0 間　金額 1410 万円

1階（20坪　66.25 m²）　　　　　　　2階（15.25坪　50.51 m²）

[プラン98]　南西向き　延べ床面積37坪（122.56 m²）　間口奥行 6.0×3.5 間　金額 1480 万円

1階（21坪　69.56 m²）　　　　　　　2階（16坪　53.00 m²）

[プラン99]　南西向き　延べ床面積38.25坪（119.25 m²）　間口奥行 5.0×4.0 間　金額 1530 万円

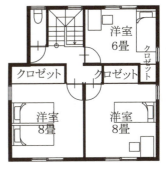

1階（20坪　66.25 m²）　　　　　　　2階（15.25坪　50.51 m²）

[プラン100]　南西向き　延べ床面積37.75坪（125.04㎡）　間口奥行6.0×3.5間　金額1510万円

1階（21坪　69.56㎡）　　　　　　　　　　2階（16.75坪　55.48㎡）

[プラン101]　南西向き　延べ床面積38.5坪（127.53㎡）　間口奥行6.0×3.5間　金額1540万円

1階（21坪　69.56㎡）　　　　　　　　　　2階（17.5坪　57.97㎡）

[プラン102]　南西向き　延べ床面積39坪（129.18㎡）　間口奥行6.0×3.5間　金額1560万円

1階（21坪　69.56㎡）　　　　　　　　　　2階（18坪　59.62㎡）

[プラン103]　南西向き　延べ床面積38坪（125.87 m²）　間口奥行 5.5×4.0 間　金額 1520万円

1階（22坪　72.87 m²）　　　　　　　　　　2階（16坪　53 m²）

[プラン104]　南西向き　延べ床面積38.5坪（127.53 m²）　間口奥行 5.5×4.0 間　金額 1540万円

1階（21.5坪　71.22 m²）　　　　　　　　　2階（17坪　56.31 m²）

[プラン105]　南西向き　延べ床面積39坪（129.18 m²）　間口奥行 5.5×4.0 間　金額 1560万円

1階（22坪　72.87 m²）　　　　　　　　　　2階（17坪　56.31 m²）

[プラン106]　南西向き　延べ床面積39.25坪(130.01 m²)　間口奥行5.5×4.0間　金額1570万円

1階（22坪　72.87 m²）　　　　　　　　　　　2階（17.25坪　57.14 m²）

[プラン107]　南西向き　延べ床面積38.5坪(127.53 m²)　間口奥行5.0×4.5間　金額1540万円

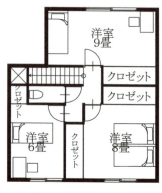

1階（22坪　72.87 m²）　　　　　　　　　　　2階（16.5坪　54.65 m²）

[プラン108]　南西向き　延べ床面積38.5坪(127.53 m²)　間口奥行5.0×4.5間　金額1540万円

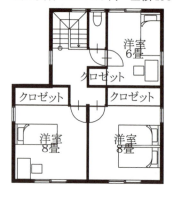

1階（22.5坪　74.53 m²）　　　　　　　　　　2階（16坪　53 m²）

［プラン109］　南西向き　延べ床面積41.5坪(136.64 m²)　間口奥行6.0×4.0間　金額1660万円

1階（23.5坪　77.84 m²）　　　　　　　　　　2階（18坪　59.62 m²）

［プラン110］　南西向き　延べ床面積40.75坪(134.98 m²)　間口奥行5.5×4.5間　金額1630万円

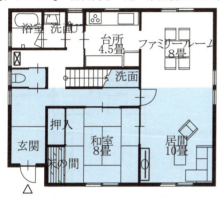 

1階（24.25坪　80.33 m²）　　　　　　　　　　2階（16.5坪　54.65 m²）

［プラン111］　南西向き　延べ床面積40.5坪（134.15 m²)　間口奥行5.0×4.5間　金額1620万円

 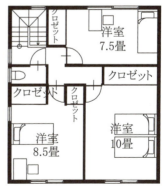

1階（22.5坪　74.53 m²）　　　　　　　　　　2階（18坪　59.62 m²）

[プラン112]　南西向き　延べ床面積40.5坪（134.15 m²）　間口奥行5.0×4.5間　金額1620万円

 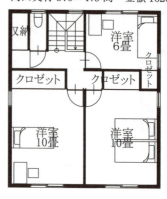

1階（22.5坪　74.53 m²）　　　　　　　　　　2階（18坪　59.62 m²）

[プラン113]　南西向き　延べ床面積44.5坪（147.40 m²）　間口奥行6.0×4.0間　金額1780万円

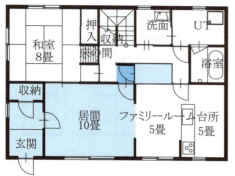 

1階（24坪　79.50 m²）　　　　　　　　　　2階（20.5坪　67.90 m²）

[プラン114]　南西向き　延べ床面積44坪（145.75 m²）　間口奥行6.0×4.0間　金額1760万円

 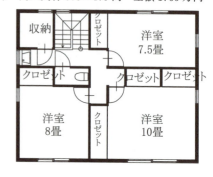

1階（24坪　79.50 m²）　　　　　　　　　　2階（20坪　66.25 m²）

[プラン115]　南西向き　延べ床面積37坪（122.56 m²）　間口奥行5.5×3.5間　金額1480万円

1階（19.25坪　63.76 m²）

2階（17.75坪　58.8 m²）

[プラン116]　南西向き　延べ床面積35坪（115.93 m²）　間口奥行5.0×3.5間　金額1400万円

1階（17.5坪　57.97 m²）

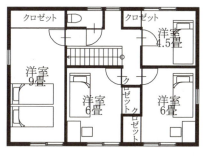

2階（17.5坪　57.97 m²）

[プラン117]　南西向き　延べ床面積35坪（115.93 m²）　間口奥行5.0×3.5間　金額1400万円

1階（17.5坪　57.97 m²）

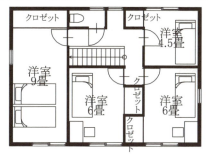

2階（17.5坪　57.97 m²）

[プラン118]　南西向き　延べ床面積35坪（115.93 m²）　間口奥行5.0×3.5間　金額1400万円

1階（17.5坪　57.97 m²）　　　　　　2階（17.5坪　57.97 m²）

[プラン119]　南西向き　延べ床面積35坪（115.93 m²）　間口奥行5.0×3.5間　金額1400万円

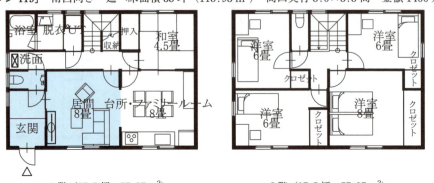

1階（17.5坪　57.97 m²）　　　　　　2階（17.5坪　57.97 m²）

[プラン120]　南西向き　延べ床面積38坪（125.87 m²）　間口奥行5.5×3.5間　金額1520万円

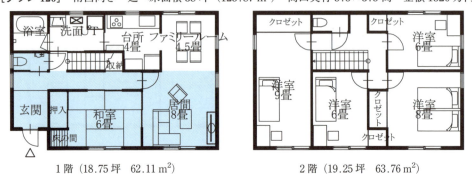

1階（18.75坪　62.11 m²）　　　　　2階（19.25坪　63.76 m²）

[プラン121]　南西向き　延べ床面積38.5坪（127.53 m²）　間口奥行5.5×3.5間　金額1540万円

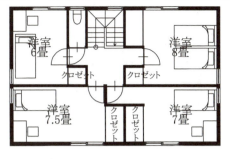

1階（19.25坪　63.76 m²）　　　　　　　　2階（19.25坪　63.76 m²）

[プラン122]　南西向き　延べ床面積38.5坪（127.53 m²）　間口奥行5.5×3.5間　金額1540万円

1階（19.25坪　63.76 m²）　　　　　　　　2階（19.25坪　63.76 m²）

[プラン123]　南西向き　延べ床面積38坪（125.87 m²）　間口奥行5.0×4.0間　金額1520万円

1階（20坪　66.25 m²）　　　　　　　　2階（18坪　59.62 m²）

[プラン124]　南西向き　延べ床面積38.5坪（122.56 m²）　間口奥行 5.0×4.0 間　金額1540万円

1階（20坪　66.25 m²）　　　　　2階（18.5坪　61.28 m²）

[プラン125]　南西向き　延べ床面積38.5坪（127.53 m²）　間口奥行 5.0×4.0 間　金額1540万円

 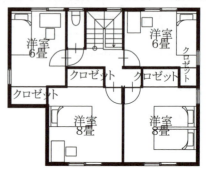

1階（20坪　66.25 m²）　　　　　2階（18.5坪　61.28 m²）

[プラン126]　南西向き　延べ床面積40坪（125.87 m²）　間口奥行 5.0×4.0 間　金額1600万円

 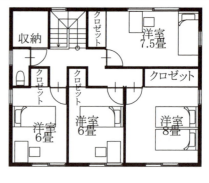

1階（20坪　66.25 m²）　　　　　2階（20坪　66.25 m²）

[プラン127]　南西向き　延べ床面積40.5坪（134.15 m²）　間口奥行 6.0×3.5 間　金額1620万円

1階（21坪　69.56 m²）

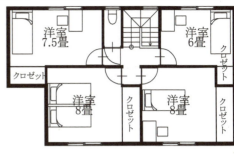

2階（19.5坪　64.59 m²）

[プラン128]　南西向き　延べ床面積40.5坪（134.15 m²）　間口奥行 6.0×3.5 間　金額1620万円

1階（21坪　69.56 m²）

2階（19.5坪　64.59 m²）

[プラン129]　南西向き　延べ床面積42坪（139.12 m²）　間口奥行 6.0×3.5 間　金額1680万円

1階（21坪　69.56 m²）

2階（21坪　69.56 m²）

[プラン130]　南西向き　延べ床面積42坪（139.12 m²）　間口奥行 6.0×3.5間　金額 1680万円

1階（21坪　69.56 m²）　　　　　　　　　　　2階（21坪　69.56 m²）

[プラン131]　南西向き　延べ床面積41.5坪（137.46 m²）　間口奥行 5.5×4.0間　金額 1660万円

1階（21.5坪　71.22 m²）　　　　　　　　　　2階（20坪　66.25 m²）

[プラン132]　南西向き　延べ床面積42坪（139.12 m²）　間口奥行 5.5×4.0間　金額 1680万円

1階（22坪　72.87 m²）　　　　　　　　　　　2階（20坪　66.25 m²）

[プラン133]　南西向き　延べ床面積42坪（139.12 m²）　間口奥行5.5×4.0間　金額1680万円

1階（22坪　72.87 m²）　　　　　　　　2階（20坪　66.25 m²）

[プラン134]　南西向き　延べ床面積42坪（139.12 m²）　間口奥行5.0×4.5間　金額1680万円

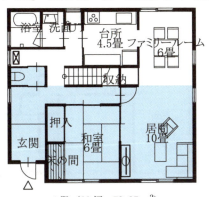 

1階（22坪　72.87 m²）　　　　　　　　2階（20坪　66.25 m²）

[プラン135]　南西向き　延べ床面積46.5坪（154.04 m²）　間口奥行6.0×4.0間　金額1860万円

 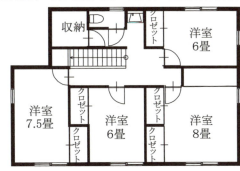

1階（24坪　79.50 m²）　　　　　　　　2階（22.5坪　74.53 m²）

[プラン136]　南西向き　延べ床面積46.5坪（154.04 m²）　間口奥行6.0×4.0間　金額1860万円

1階（24坪　79.50 m²）

2階（22.5坪　74.53 m²）

[プラン137]　南西向き　延べ床面積47坪（155.69 m²）　間口奥行6.0×4.0間　金額1880万円

1階（24坪　79.50 m²）

2階（23坪　76.19 m²）

[プラン138]　南西向き　延べ床面積46坪（152.38 m²）　間口奥行6.0×4.0間　金額1840万円

1階（23.5坪　77.85 m²）

2階（22.5坪　74.53 m²）

索　引

〈ア 行〉

兎小屋……………………………… 1
兎小屋型………………………… 1,4,5,6
円環パターン……………………… 53
屋上緑化…………………………… 70

〈カ 行〉

階段型マンション………………… 2
介護サービス……………………… 64
介護者……………………………… 64
改良型………………………… 15,16,61
改良型リフォーム
　………………… 24,28,29,30,90,93
家族裏動線………………………… 6
家族プライバシー
　………………… 1,4,12,17,60,90,96,98
家族領域…………………………… 12
片側廊下型………………………… 17
環境保全………………………… 70,71
冠婚葬祭…………………………… 17
居住ストレス…………………… 60,98
近隣社会交流……………………… 57
近隣住区…………………………… 71
近隣自力救援……………………… 60
近隣相互扶助……………………… 60
グラスファイバーメッシュ……… 79
グループホーム…………………… 69

〈サ 行〉

外界拒絶症候群………………… 60,64
結　露……………………………… 77
玄関ホール型……………………… 41
高機能・高性能住宅…………… 94,95
公（客）私（家族）領域混在型… 23,44
公（客）私（家族）領域分化型
　…………………………… 4,54,61,94
公（客）領域…… 2,12,15,19,23,44,60
公領域…………………………… 2,55
子育て…………………………… 57,61

〈サ 行〉

在宅医療…………………………… 67
サービス付き高齢者住宅………… 68
施設誘導距離…………………… 72,73
シックハウス症候群……………… 78
湿気吸放湿……………………… 1,78,81,95
住要求……………………………… 39
住様式…………………………… 39,54
小学校区…………………………… 71
私領域…………………………… 2,55
私（家族）領域…… 2,15,19,23,44,60
心理的ストレス…………………… 64
数寄屋建築……………………… 76,94
戦後住宅………………………… 21,23
戦前住宅…………………………… 15

索　引

〈タ 行〉

耐久性……………………………… 89
耐震補強…………………………… 80
耐用年限…………………………… 89
田ノ字型……………… 15,17,41,95
地域防犯防災………………… 60,61
蓄熱効果…………………………… 89
蓄熱容量……………………… 7,77
蓄熱利用……………………… 76,81
土壁造り……………………… 2,76,95
中性化……………………………… 80
超改良型……………………… 1,55,61
長寿命化…………………………… 89
長方形分割図………………… 39,40
鉄筋腐食……………………… 7,75,80
動　線……………………… 2,24,97
特別養護老人ホーム……………… 69
とじこもり症候群………………… 64
都市再生機構……………………… 2
土蔵造り…………………………… 2
徒歩圏……………………………… 73

〈ナ 行〉

中廊下型……………………… 15,39,41
塗壁外断熱…………………… 1,9,80,89
熱交換型換気……………………… 77

〈ハ 行〉

発砲ポリスチレン… 7,75,77,78,79,94
被介護者…………………………… 64
費用対効果………………………… 7
福祉・介護サービス……………… 64
壁面緑化…………………………… 70
防寒防暑性能……………………… 1,76
訪問介護…………………………… 68
訪問入浴…………………………… 68
訪問リハビリ……………………… 68

〈マ 行〉

間取り円環パターン… 39,40,42,43,44
間取り構成法
　………… 45,46,47,48,49,50,51,52
間取りパターン図式……………… 39
間取り模式図……………… 39,40,53
無暖房住宅………………………… 77
木材腐食…………………………… 7

〈ヤ 行〉

有料老人ホーム…………………… 69
洋風化……………………………… 15

〈ラ 行〉

来客抵抗感………………………… 4,6

Memorandum

Memorandum

Memorandum

〈編著者・著者紹介〉

黒澤　和隆　（くろさわ　かずたか）
1968 年　北海道大学大学院建築工学専攻
　　　　　修士課程修了
専　攻　環境デザイン・建築計画
現　在　室蘭工業大学名誉教授・工学博士
著　書　三次元造形ドリル（共立出版）
　　　　空間認知力パズル（共立出版）

市村　恒士　（いちむら　こうじ）
1996 年　千葉大学大学院博士後期課程
　　　　　自然科学研究科人間・地球環境
　　　　　科学専攻，単位取得退学
専　攻　都市緑化計画，都市環境工学
現　在　室蘭工業大学准教授・博士（工学）

河合　哲郎　（かわい　てつろう）
1995 年　北海学園大学建築学科卒業
専　攻　建築設計・CG・CAD
現　在　新和建設株式会社

黒澤　直子　（くろさわ　なおこ）
2000 年　千葉大学大学院教育学研究科，
　　　　　学校教育専攻，修士課程修了
専　攻　社会福祉
現　在　北翔大学教授

佐々木　哲之　（ささき　てつゆき）
1976 年　北海学園大学建築学科卒業
専　攻　建築設計
現　在　星槎道都大学特任教授・博士（工学）

佐藤　孝　（さとう　たかし）
1981 年　多摩美術大学大学院芸術学専攻
　　　　　修士課程修了
専　攻　建築設計
現　在　北海道科学大学教授

澁谷　一昭　（しぶや　かずあき）
1975 年　室蘭工業大学建築工学科卒業
専　攻　建築設計
現　在　澁谷建築研究所代表取締役

千里　正文　（ちさと　まさふみ）
1992 年　北海道東海大学芸術学研究科
　　　　　生活デザイン専攻修士課程修了
専　攻　建築設計
現　在　北翔大学教授

東　政宏　（ひがし　まさひろ）
2005 年　近畿大学理工学部土木工学科卒業
専　攻　都市計画
現　在　野原産業株式会社

真境名　達哉　（まじきな　たつや）
2000 年　千葉大学大学院博士後期課程
　　　　　自然科学研究科居住空間学専攻修了
専　攻　建築計画・都市計画
現　在　室蘭工業大学准教授・工学博士

住宅デザインの実際
進化する間取り／外断熱住宅

2018年5月10日　初版1刷発行

検印廃止

編著者　黒澤　和隆　Ⓒ 2018
発行者　南條　光章
発行所　共立出版株式会社

〒112-0006　東京都文京区小日向4丁目6番19号
電話　03-3947-2511
振替　00110-2-57035
URL　http://www.kyoritsu-pub.co.jp/

一般社団法人
自然科学書協会
会員

印刷：真興社／製本：協栄製本
NDC 527／Printed in Japan

ISBN 978-4-320-07720-1

|JCOPY|＜出版者著作権管理機構委託出版物＞
本書の無断複製は著作権法上での例外を除き禁じられています．複製される場合は，そのつど事前に，出版者著作権管理機構（TEL：03-3513-6969，FAX：03-3513-6979，e-mail：info@jcopy.or.jp）の許諾を得てください．

CREATORS LIBRARY
造形ライブラリー　古山正雄[監修]

本シリーズは，造形を個人の領域から解き放ち，21世紀を切り開く社会の力へと変換していくことをめざしている。人文科学，社会科学，数理科学さらには精神医学など，多用な分野からの執筆者が，造形の魅力を評価し，批判を加えるとともに，実践の記録としての設計論を提案していく。　**【各巻：B5変型判・並製ソフトカバー・税別本体価格】**

01. Mathematics for Arts
造形数理

古山正雄著
古典美の数理／曲線の数理／文様の数理／パターンの数理／変化の数理／偶然性の数理／都市の数理／批評の数理／完全な無秩序は存在しない
220頁・本体2,800円

02. The Beauty of Materials
素材の美学　表面が動き始めるとき…

エルウィン・ビライ著
建築家／感覚の博物誌／錯乱のニューヨーク／桂・日本建築における伝統と創造／アルハンブラ物語／ヨーゼフ・ボイス／ドナルド・ジャッド／他
200頁・本体2,800円

03. Introduction to Architectural Systems
建築システム論

加藤直樹・大崎　純
谷　明勲著
システム最適化／線形計画法／非線形計画法／整数計画法と組合せ最適化／施設配置／設計感度解析／構造最適化／他
224頁・本体3,000円

04. journey through Architecture
建築を旅する

岸　和郎著
建築を旅する－鉄について／ル・コルビュジエを旅する／ミースを旅する／カーンを旅する／インターナショナル・スタイル以降／他
256頁・本体3,500円

05. Urban-Model Reader
都市モデル読本

栗田　治著
都市の数理モデルと研究のエートス／ヴェーバー問題と模型解法／1次元都市と2次元格子状都市のヴェーバー問題／連絡通路と距離分布の作法／他
200頁・本体3,000円

06. landscape studies
風景学　風景と景観をめぐる歴史と現在

中川　理著
風景以前の「風景」／風景の発見／規範としての風景／歴史が作る風景／近代主義が作る眺め／都市の風景化／風景から景観へ／集落と生活景／他
216頁・本体3,400円

◆続刊テーマ◆

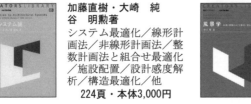

- 07. 造形力学・・・・・・・・・・・・・・・・・・・・森迫清貴著
- アジア建築史・・・・・・・・・・・・・・・・・・・大田省一著
- 建築書から見る西洋の建築・・・・・・西田雅嗣著
- 論より実践 建築修復学・・・・・・・・・後藤　治著
- 環境の文化史・・・・・・・・・・・・・・・・・石田潤一郎著

（続刊テーマは変更される場合がございます）

http://www.kyoritsu-pub.co.jp/　　**共立出版**　（価格は変更される場合がございます）

建築構造ポケットブック編集委員会編

建築構造ポケットブック

現場必携／机上版　第5版増補

現場に携帯できる便利なポケットブック！

今回の増補では，平成19年12月における第5版発行後の規準等の改正に対応した。特に，鉄筋コンクリート構造計算規準及び鋼構造設計規準（日本建築学会）の改訂や木造軸組工法住宅の許容応力度設計の最新版への対応を中心に補強し，実務に携わる読者の一助となるように配慮した。

机上版：四六判
現場必携：
　　ポケット判

目次

1　度量衡，数表，数学公式
2　力学
3　構造計算の体系
4　荷重および外力
5　木構造
6　鉄筋コンクリート構造
7　鉄骨構造
8　鉄骨鉄筋コンクリート造
9　壁式構造，CFT構造およびPC構造
10　基礎構造
11　免震構造等
12　耐震診断，耐震改修

ポケット判・862頁・定価（本体3,900円＋税）　ISBN978-4-320-07705-8
四六判・862頁・定価（本体4,800円＋税）　ISBN978-4-320-07706-5

計算例編

◆『現場必携/机上版 建築構造ポケットブック』の姉妹編◆

耐震偽装問題に端を発して行われた2007年の建築基準法の改正は，これまでの構造設計体系を大きく変えるもので，構造計算適合性判定制度の導入などの多彩な構造検討が求められるようになった。本書ではこのような多彩な建築設計実務に役立つよう重要性が高い構造種別を取り上げて，基礎的なものから特殊なものまで構造計算を詳しく解説している。

目次

1．木造／2．鉄筋コンクリート構造／3．鉄骨構造／4．基礎構造／5．非構造部材

四六判・408頁・定価（本体4,000円＋税）　ISBN978-4-320-07715-7

（価格は変更される場合がございます）　**共立出版**

http://www.kyoritsu-pub.co.jp/
https://www.facebook.com/kyoritsu.pub

■建築学関連書　　　　　　　　　http://www.kyoritsu-pub.co.jp/　　共立出版

現場必携 建築構造ポケットブック 第5版増補
建築構造ポケットブック編集委員会編　ポケット判・862頁

机上版 建築構造ポケットブック 第5版増補
建築構造ポケットブック編集委員会編　四六判・862頁

建築構造ポケットブック 計算例編
建築構造ポケットブック編集委員会編　四六判・408頁

15分スケッチのすすめ 日本的な建築と町並みを描く
山田雅夫著　A5判・112頁

逡巡する思考
岸　和郎著　A5判・420頁

サステナブル生命建築
村上周三・北川良和監著　A5判・246頁

建築材料学
三橋博三・大濱嘉彦・小野英哲編集　A5判・310頁

新版 建築応用力学
小野　薫・加藤　渉共著　B5判・196頁

SI対応 建築構造力学
林　貞夫著　A5判・288頁

詳解 建築構造力学演習
蜂巣　進・林　貞夫著　A5判・312頁

建築構法のしくみ 建築空間構成・木質系建物
井口洋佑著　B5判・208頁

建築 基礎構造
林　貞夫著　A5判・192頁

巨大地震と大規模構造物
太田外氣晴・座間信作著　A5判・296頁

鉄骨の設計 増訂2版
若林　實著　A5判・276頁

設計力を育てる建築計画100選
今井正次・櫻井康宏著　B5判・372頁

建築施工法 最新改訂4版
大島久次原著／池永・大島・長内共著　A5判・364頁

既存杭等再使用の設計マニュアル（案）
構造法令研究会編　A4判・168頁

建築・環境音響学 第3版
前川純一・森本政之・阪上公博著　A5判・282頁

都市の計画と設計 第3版
小嶋勝衛・横内憲久監修　B5判・260頁

都市計画 第3版増補
日笠　端・日端康雄著　A5判・376頁

都市と地域の数理モデル
栗田　治著　B5判・288頁

コミュニティの空間計画（市町村の都市計画1）
日笠　端著　A5判・312頁

沿岸域環境事典
日本沿岸域学会編　A5判・282頁

景観のグランドデザイン
中越信和編著　A5判・192頁

東京ベイサイドアーキテクチュアガイドブック
畔柳昭雄・親水まちづくり研究会編著　B6判・198頁

海洋環境学 海洋空間利用と海洋建築物
佐久田・川西・堀田・増田著　A5判・184頁

環境システム その理念と基礎手法
土木学会環境システム委員会編　A5判・296頁

基礎 火災現象原論
J.G.Quintiere著／大宮喜文・若月　薫訳　B5判・216頁

はじめて学ぶ建物と火災
日本火災学会編　B5判・194頁

都市の大火と防火計画 その歴史と対策の歩み
菅原進一著／（財）日本建築防災協会発行　A5判・244頁

火災と建築
日本火災学会編　B5判・352頁

火災便覧 第3版
日本火災学会編　A5判・1704頁

造形数理（造形ライブラリー 01）
古山正雄著　B5変型判・220頁

素材の美学（造形ライブラリー 02）
エルウィン・ビライ著　B5変型判・200頁

建築システム論（造形ライブラリー 03）
加藤直樹・大崎　純・谷　明勲著　B5変型判・224頁

建築を旅する（造形ライブラリー 04）
岸　和郎著　B5変型判・256頁

都市モデル読本（造形ライブラリー 05）
栗田　治著　B5変型判・200頁

風景学（造形ライブラリー 06）
中川　理著　B5変型判・216頁

CADの基礎と演習 AutoCAD2011を用いた2次元基本製図
赤木徹也・立野昌義・安原治機共著　B5判・108頁

オムニバス技術者倫理 第2版
オムニバス技術者倫理研究会編　B5判・172頁